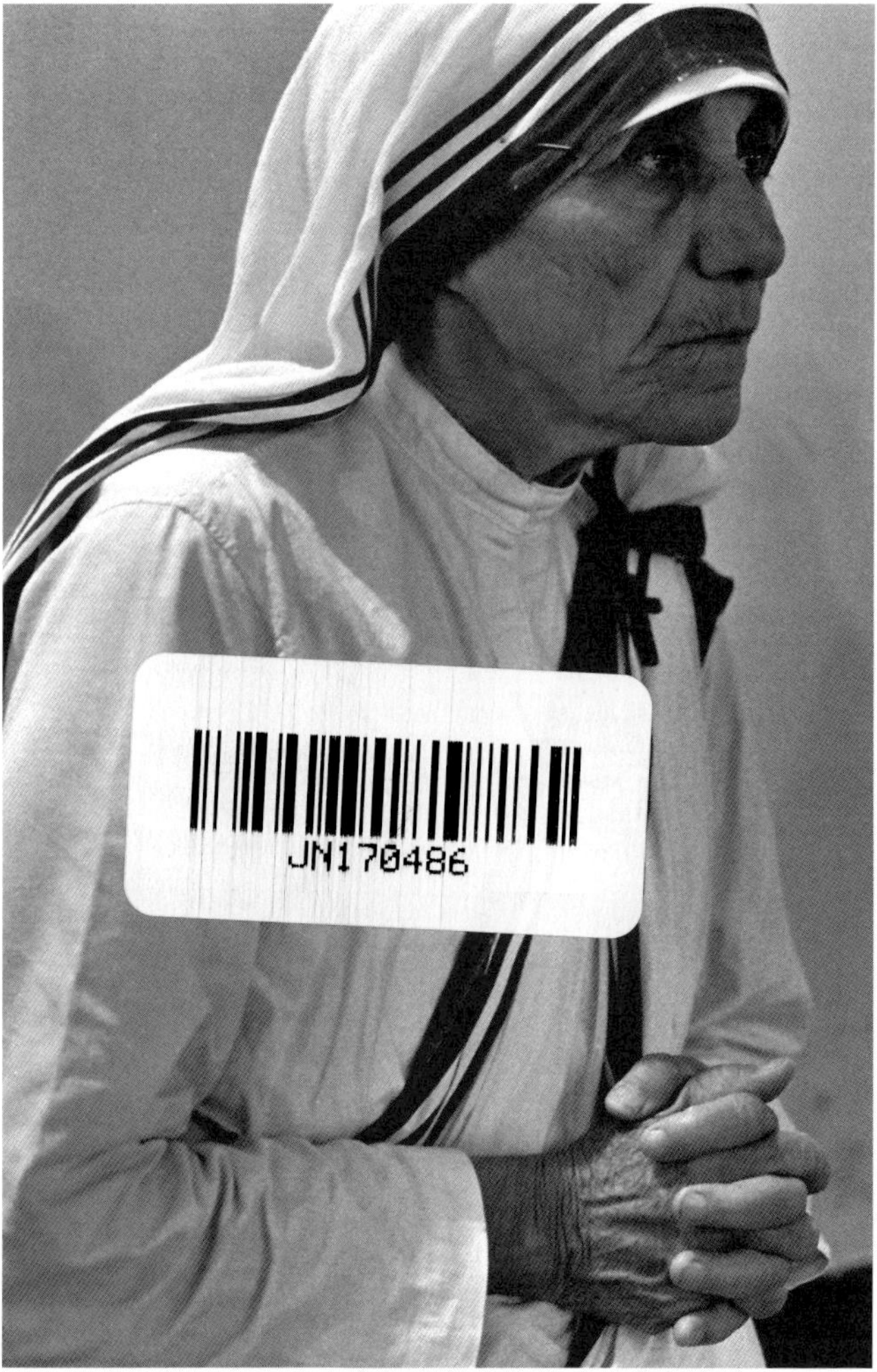

マザーハウスと呼ばれる〈神の愛の宣教者会〉本部にて、ひざまずき祈りを捧げるマザー・テレサ。

上・左ページ下：1970年代のカルカッタ（現コルカタ）市街。印パ戦争による難民の流入、大洪水・干ばつなどの影響による農村から都市部への人口移動がおこり、不法占拠とスラム化をもたらし、路上生活者が増加した。

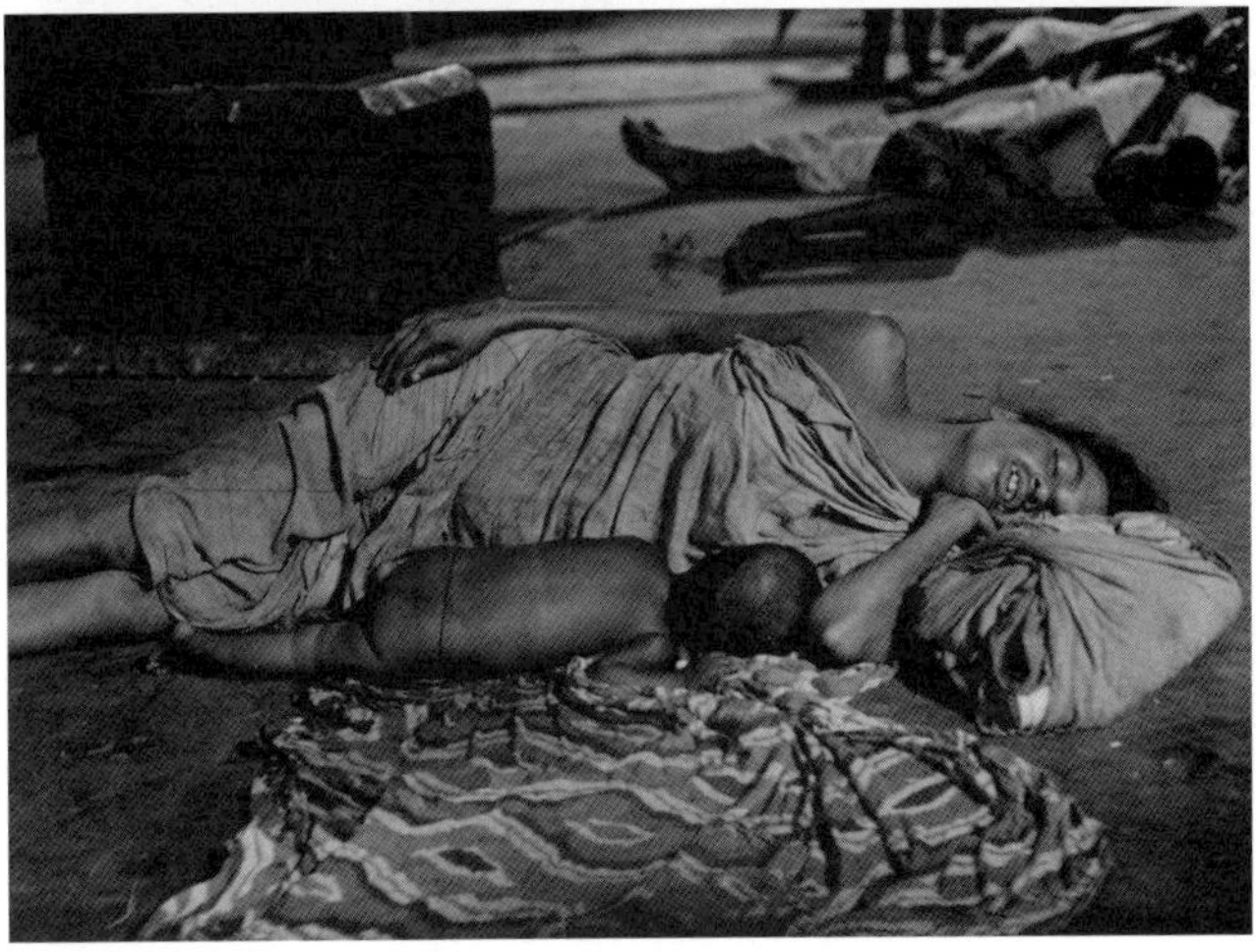

上：1952年にマザー・テレサが設立した〈死を待つ人の家〉、インド、カルカッタ。ヒンドゥー教のカリー寺院の一角にあり、元は巡礼者の宿泊施設だった。

上：〈愛の贈り物〉と名付けられた結核や精神病患者のための施設は、スラムの子どもたちの学校としても使用されている。シスターが基礎的な学問を教える。授業の後、ビスケットを配布するとき、あえて割るのは、子どもたちが売ってしまうのを防ぐため。
左ページ：医師資格をもつシスターもいて、診療活動を行う。

右ページ：朗らかなシスターたち。
上：ロザリオを手にまちを歩くマザー・テレサ。右は弟子のシスター・アグネス。
下：まちなかでは一般市民がマザー・テレサに合掌する。

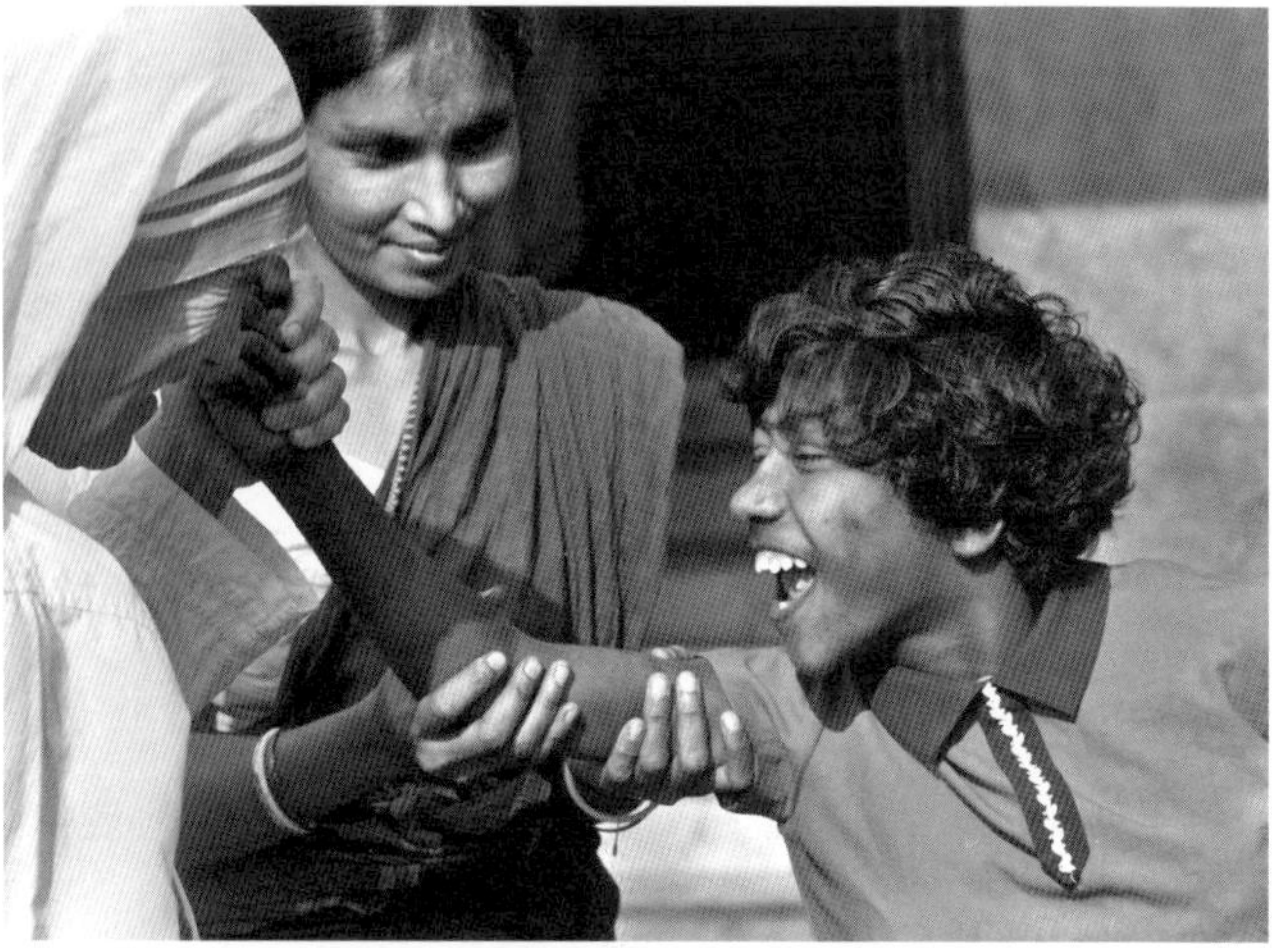

〈孤児の家〉では、孤児を養育し、養子縁組のあっせんを行う。下の写真は、引き取られていく子どもに別れを告げるマザー・テレサ。

ハヤカワ文庫NF

〈NF457〉

マザー・テレサ語る

ルシンダ・ヴァーディ編

猪熊弘子訳

早川書房

7732

MOTHER TERESA
A SIMPLE PATH

Compiled by
Lucinda Vardey
Introduction © 1995 by
Lucinda Vardey
How This Book Came About © 1995 by
John Cairns
Translated by
Hiroko Inokuma
First published in 1995 by RIDER BOOKS
an imprint of EBURY PUBLISHING
EBURY PUBLISHING is a part of
THE PENGUIN RANDOM HOUSE GROUP OF COMPANIES.
Published 2016 in Japan by
HAYAKAWA PUBLISHING, INC.
This book is published in Japan by
arrangement with
RIDER BOOKS
an imprint of THE RANDOM HOUSE GROUP LIMITED
through THE ENGLISH AGENCY (JAPAN) LTD.

目次

マザー・テレサ語る

この本がどのようにして生まれたか

「私が歩んできた道についてお話ししましょう」マザー・テレサは語りはじめた。「でも、私は針金のように細い存在にすぎません――神がその力となっているのです。ほかの人々、シスターやブラザーや、彼らとともに働くすべての人にも語りかけなさい。なかにはキリスト教徒でない人もいるかもしれませんが、彼らにも語りかけるのです。そして、道が見えるようになれば、それがどんなものなのか、あなたにもわかることでしょう。それは、とても美しいものなのです」

この本は数年前、映画プロデューサー仲間であるオマール・アーメドが、本と映画の企画について、マザー・テレサと話しあう機会を作ってくれたときにスタートした。オマールはロンドンに四十五年住んでいるが、もともとはインド系で、彼の曾祖父母《そうそふぼ》は、カルカッタ（現コルカタ。以下、原書刊行時の都市名カルカッタとする）市内のティルジャラとモーテヒールに広大な土地を持っていた。ティルジャラは、マザー・テレサが知的障害者のために建設した施設と、鉄道の線路をはさんで反対側にある。またモーテヒールは、彼女が最初の施設《しせつ》〈死を待つ人の家《ニルマル・ヒルダイ》〉を作った場所である。オマールの家族はイスラム教徒だが、彼の姉や妹たちはみな、マザー・テレサが一九三〇年代から四〇年代にかけて教えていたロレット修道会の学校で学んでいる。彼の家族は昔から、マザー・テレサが設立した修道会〈神の愛の宣教者会《ミッショナリー・オブ・チャリティー》〉の活動を支援しつづけてきた。

私たちは、マザー・テレサの尋常《じんじょう》でない力がどこからくるのかを探りあてたいと考えた。マザー・テレサは愛と奉仕の象徴《しょうちょう》である。彼女が民衆の心に与えるインパクトは、静かな水面に石を投げこんだときにできる波紋《はもん》状のさざ波にたとえられる。多くの非キリスト教徒にとっても、マザー・テレサは心から尊敬できるキリスト教徒の理想像なのである。

マザー・テレサのくわしい生い立ちについては、今ではよく知られているが、あまり知られていないのは、彼女と、彼女のもとで働いている多くの男女が、なぜあのような生きかたをしているのか、ということである。そしてまた、複雑で混乱した二十世紀末において、なぜマザー・テレサが、よりよい生きかたを探し求めている人々の心を安心させ、少しでも彼女に近づきたいと思わせるのかということも、あまり語られていない。彼女の言葉に耳をかたむけ、彼女が何を、どんな理由でしているのかを知れば、私たちは自分のまわりの人々とどのようにつながっていけばいいのかを知ることができるのだろうか？　マザー・テレサと彼女の〈神の愛の宣教者会〉は、困難なこの世界に希望を与えてくれるのだろうか？

カルカッタの〈神の愛の宣教者会〉の本部に行き、マザー・テレサが現われるのを待っている間、私の心のなかには、そんな疑問が次々に浮かんできた。

九四年七月の、ある暑い日のことだった。世界中のさまざまな場所にある修道会の施設〈家〉と同様、そこは機能的な雰囲気《ふんいき》があふれており、活気にあふれていた。訪問者は全員ていねいに扱《あつか》われるが、「もっとも貧《まず》しい人々のために働く」という重要な仕事を妨《さまた》げることは許されなかった。

はじめて会ったとき、マザー・テレサは、本を出すつもりはないと言った。彼女は、人々が言葉によって、彼女の信仰の意味を理解することができるかどうか疑わしい、というのだ。「とてもシンプルなものなのです」と彼女は言った。シンプルきわまりないその道を、だれかがガイドする必要などほんとうにあるのだろうか？　私たちが必要としているのは、祈ること、そして他人をもっと愛しはじめることだけである、と彼女は言った。最初に私たちは〈神の愛の宣教者会〉の仕事をできるだけよく知ろうとして、彼女たちが運営している〈孤児の家《シシュ・ババン》〉〈ハンセン病患者の家《ガンジー・プレム・ニバス》〉〈死を待つ人の家《ニルマル・ヒルダイ》〉、そして結核患者、精神病者のための〈愛の贈り物《プレム・ダン》〉を何度も訪ねた。

私たちはそれらを訪ね、さらにほかの施設にも足を運んだ。そこでの経験から、私たちは確信を抱いた――祈りかたを教え、もっと易しく愛する方法を説き、他人に奉仕する最善の方法を学ぶための手助けをしてくれる本がほんとうに必要なのだ、と。そういった問題は〈神の愛の宣教者会〉に行けばすぐに解決されることなのだろう。しかし、西欧においては私たちがその道につづくのを手助けしてくれる明確で理路整然とした一連の道筋が必要なのだ。

この点から、宗教ジャーナリストであるルシンダ・ヴァーディが本書の編者として選ばれ、より深い考察をするために力を貸してくれることになった。その後の数カ月間、私たちはこのプロジェクトのために、マザー・テレサと彼女のコミュニティから非常に多くの援助を受けた。プロジェクトは深く、幅広いマザーとの対話から始まった。私たちはその後、彼女のやりかたと〈神の愛の宣教者会〉の活動について、マザーが紹介してくださったインドや欧米にいる数多くの修道女、修道士と話しあった。次に、世界各国から〈神の愛の宣教者会〉の〈家〉でボランティアをするために来ている人々にも取材した。そして彼らに、そこで働いたことで得た経験や、どんな感情を抱いたかなどについても話してくれるようたのんだのだ。最後に、マザー・テレサと彼女の修道会の仲間たちに、この本の原稿を読んでもらった。彼女たちは満足し、出版が成功することを祈ってくれた。その結果は以下のページにくわしく記してある。

——ジョン・カーンズ

この本を読む前に

マザー・テレサを敬愛するあるインド人実業家が、マザーの五行の詩を小さな黄色いカードに印刷して差し上げたことがあった。マザー・テレサはそれを〝名刺〟と呼び、人々に気軽に手渡していた。その詩は、彼女の仕事と、彼女の歩むシンプルな道を、短いながらもみごとに表わしている。（二十五ページを参照のこと）

このシンプルな道は、仲間とともに神の愛のために働いてきたマザー・テレサの長い経験から、水がしたたり落ちるようにゆっくりとできあがったものである。

そこには六つの不可欠なステップが含まれている。沈黙、祈り、信仰、愛、奉仕、そして平和。その一つを知ることが、ほかのことにつながっていく。このステップにそって自然に生きられるようになれば、人生は必ずより平穏に、より楽しく、より平和なものになるであろう。

長年にわたり、男女を問わず多くの人々が、マザー・テレサの仕事に加わりないという啓示を受け、彼女のもとに集まってきた。彼らは、貧しい生活を送り、純潔を保ち、服従し、もっとも貧しい人々に喜んで惜しみなく与えるという誓いを立て、〈神の愛の宣教者会〉の正式な一員となるために長い修練を受ける。この修道会はマザー・テレサによって設立されたもので、メンバーたちは、あるときは彼女から直接指導を受け、あるときは間接的に支えられながら、修練を積むのだ。だから、この本に登場して語ってくれた修道女や修道士たちの働きや態度は、すべてマザー・テレサのシンプルな哲学によって与えられたものである。

このマザー・テレサの人を惹《ひ》きつける力は、絶えずその輪を広げていて、世界中で〈神の愛の宣教者会〉を手助けしているボランティアたちの経験にも見出すことができる。シスターたちやブラザーたちのそばで働くことによって、ボランティアたちもまた、マザー・テレサの哲学を身につけていくのである。彼らは、マザー・テレサのやりかたにしたがって生きている。そして多くの場合、西欧の今の状況の中では、彼らは生きかたを大きく変えざるを得なかった。だからこそ、彼らの言葉には価値があり、人々の心を揺り動かすものがあるのだろう。

この本で述べられている多くの考えかたや示唆《しさ》について考え、黙想することで、私たちもまた、そのシンプルな道を歩むことで受ける恩恵を見いだすことができる。とはいえ、それを実践《じっせん》するためにカトリック教徒になる必要もないし、特定の宗教を信じなければならないわけでもない。この本のなかには、私たち自身が自分の住む場所で実践できるような現実的な方策が、たくさんあげられている。沈黙や祈りといったことにあまり親しみを感じず、何事も信じられないと思う人もいるかもしれない。そんな人に、マザー・テレサは、他の人に対して小さな愛の行動をしてみることを勧めている——そうすれば、私たち自身の心が開かれていくのがわかるだろう。大切なのは次のようなことだ。この本を読んだうえで、何かを実際にすることなのだ。何でもいい。それをした結果、自分たちが（もちろん他の人も）心が豊かになるような愛の行為を、私たちはするべきなのだ。

沈黙の果実は祈りである
祈りの果実は信仰である
信仰の果実は愛である
愛の果実は奉仕である
奉仕の果実は平和である

——マザー・テレサ

1 祈り

沈黙の果実は祈りである

だれにでも、沈黙し、黙想する時間が必要です。とくに、ロンドンやニューヨークのように、移り変わりのはげしい大都会に住んでいる人にとっては、とても大切なことです。だからこそ、私は観想修道にはげむシスターたち（彼女たちの仕事は、一日のほとんどを祈ってすごすことなのです）のための最初の〈家〉を、ヒマラヤの代わりにニューヨークに開こうと決めたのです。なぜなら、都市に住んでいる人々には、もっと多くの沈黙と、黙想が必要だと感じたからです。

私はいつも沈黙のなかで祈りをはじめます。心が静かになると、神が話し出すのです。神は静寂《せいじゃく》の友です――私たちは神の声に耳をかたむける必要があります。

なぜなら、ほんとうに大切なのは、私たちが神に訴えることではなく、神が私たちにおっしゃること、私たちを通して伝えることだからです。祈りは魂を満たしてくれます。そして人間は、祈ることで神に近づくことができるのです。祈ることで、あなたは清らかで純粋な心を与えられるのです。清らかな心を持てば、あなたは神を見、神に話し、ほかの人のなかに神の愛を発見することができるでしょう。清らかな心を抱いているとき、あなたは神に心を開き、神に誠実です。神に何ひとつ隠すこともなく、それにより神は望まれるものすべてを、あなたから受け取っていくことでしょう。

もし、神を捜し求めているけれども、どこからはじめたらいいのかわからないというのなら、まず、祈ることを学びなさい。そして、毎日祈るという困難を受け入れなさい。いつでも、どこでも、祈ることはできます。教会にいる必要はありません。仕事をしていても祈ることはできるのです——祈りのために仕事を中断する必要はないし、仕事のために祈りを中断する必要もないのです。司祭や牧師に導いてくれるよう相談することもできます。あるいは神に直接話しかけることも。あなたは、ただ話しかければいいのです。神にすべてを打ち明け、話しかけるのです。神は私たちの御父です。どんな宗教を信じていようとも、神は私たちすべての父なのです。私たちはみな、神によって創られました。私たちは彼の子です。神に信頼を寄せ、神を愛し、神を信じ、神のために働き、神を信頼しなければなりません。祈れば、求めている答を受け取ることができるのです。

　祈りがなければ、私はたとえ三十分たりとも働くことができません。私は祈りを通して神から力を受け取っているのです。それは、私とともに働くすべてのシスターが理解していることで、シスター・ドロリスもその一人です。彼女は私たちの修道会で三十五年働き、現在はカルカッタにある〈死を待つ人の家《ニルマル・ヒルダイ》〉を運営しています。

　シスターたちは毎朝目を覚ますたび、今日もまた困難に耐えぬかなければならないと気づくのです。ときには、とほうもない困難が待ち受けていることもあります。祈りは、そんな彼女たちに力を与え、支え、助け、やらなければならないことをなしとげる喜びを与えてくれるのです。私たちは一日のはじまりを祈りとミサで迎え、一日の終わりには、一時間ほどイエスの前で礼拝をします。神の恵みをいただくためには、絶えず祈り、絶えず与えることが必要です――そうしなければ、私たちは生きていくことができないのです。

カルカッタ市内にある〈孤児の家《シシュ・ババン》〉を運営しているシスター・カーマイン・ジョセも、こう語っています。

祈りがなければ、こんな暑さや忙しさに立ち向かうことなどできるのか、私にはわかりません。でも、ここでの仕事はすべて神のためのもの。だから、私たちはその仕事ができて、とても幸せなのです。

もう一人、ニューヨークのブロンクスにある私たちの〈家〉にいるシスター・カテリの言葉を紹介しましょう。彼女は自分自身の経験から、次のように語っています。

人間にできるもっとも大切なことは、祈ること。なぜなら、私たちは神によって創られ、私たちの心は神のもとで安らぐまでは、休むことがないからです。祈ることでしか、神に近づくことはできません。私たちは神のために作られたのですが、何らかの方法で祈らなければ、神のもとにはたどり着けないでしょう。祈りは必ずしも正式なものである必要はありません。

かつて、刑務所の慰安訪問をしたとき、このことについて受刑者たちと話しあったことがあります。私はこんな例をあげて彼らに尋《たず》ねました。もし、あなたがたが旅に出なければならないとしたら、何が必要ですか、と。すると、その男たちは答えました。「車が必要だ、それからガソリンも」（「音楽さ！」と言った男もいましたが）。

彼らの答を聞いて、私はとてもうれしく感じました。なぜなら、私たちは以前から、こんなふうに考えていたからです。つまり、祈りはガソリンであり、私たちの人生は車であり、その旅は天国へとつづくものであり、それには地図が必要で、あなたは自分がどこに行くのか知る必要がある、と。私が言いたいのは、祈りは人生におけるガソリンにほかならず、それなしでは私たちは目的地にたどり着けないし、人生をまっとうできないということです。

どのように祈るか――神とのシンプルな交信

毎日を祈りではじめ、祈りで終えなさい。子どものように神の前に歩み出なさい。もし、祈るのが難しければ、こんなふうに唱えればいいのです。「聖霊よ、私が祈れるよう、私を導き、私を守り、私の心を清らかにしてください」。聖母マリアに祈るときには、こう唱えればいいでしょう。「イエスの聖なる母マリアよ、私の母になってください。私が祈るのを手伝ってください」と。祈るときには、神と、神が与えてくれたあらゆる贈り物に感謝しなさい。すべてのものは神のものであり、神からの贈り物だからです。もしあなたがキリスト教徒なら、主の祈りを唱えなさい。カトリック教徒なら、主の祈り、天使祝詞、ロザリオの祈り、使徒信経など、ごく一般的な祈りでいいのです。もし、あなたやその家族が何か信仰を持っていたなら、それにしたがって祈ればいいのです。あなたが主を信じ、祈りの力を信じるなら、人々がみな普通に感じている、疑いや恐れや孤独など、あらゆる感情に打ち勝つことができるでしょう。

もし、あなたがカトリック教徒なら、困っているときには告解に行きなさい。

そうすることであなたは完全に清らかになります。なぜなら、神は哀《あわ》れみをもって、すべてを許してくださるからです。罪をたくさん背負って告解に行ったとしても完全に清らかになれることは、神の素晴らしい贈り物なのです。しかし、告解に行こうと行くまいと、カトリック教徒であろうと他の宗教の信者であろうと、かまいません。少なくとも、神にどのように謝罪するかを学ぶべきです。

毎晩眠る前に、自分の良心を試さなければなりません（果たして翌朝を迎えられるかどうか、わからないのですから！）。何か困ったことが起きたり、何か過《あやま》ちを犯してしまったなら、それを正さなければなりません。たとえば、もし何かを盗んだのなら、それを返しなさい。もしだれかを傷つけてしまったのなら、その人に直接つぐないなさい。もし、そうできなかったなら、少なくとも「ほんとうにすみませんでした」と神に心から謝罪し、神と和解しなさい。これは大切なことです。私たちに愛の行為が備わっているように、悔い改める行為も備えもつべきなのです。こんなふうにするといいでしょう。「主よ、あなたに背いて申しわけありませんでした。「二度とあなたに背くようなことはしないと誓います」罪を悔い改め、清らかな心になるのは、気持ちのいいものです。神は哀れみ深く、私たちすべての慈悲深い御父だということを忘れてはなりません。私たちは神の子であり、私たちが罪を犯したことを自分の心に刻みこんでおきさえすれば、神は私たちを許し、その罪を忘れてくれることでしょう。

あなたはまず、自分自身の心を試さなければなりません。心のなかに、他人を許す気持ちが足りないのではありませんか？　他人を許すことができないのに、どうして神に許しを乞うことができるというのでしょうか？　ほんとうに悔やみ、ほんとうに清らかな心でいるなら、あなたは神の瞳の中で、罪を許されることでしょう。心から告解すれば、神は許してくださいます。だから、許されるまで祈るのです。そして同時に、あなたを傷つけたり、嫌っている人を、あなたが許されているように、許すのです。

人間はほかの人の仕事のために祈って、仕事がうまくいくよう支えることもできます。たとえば、私たちの組織には、〈第二の自己〉《セカンド・セルフ》とよばれる援助者がいます。今の仕事をつづけるための強さを必要としているシスターたちを支えるために祈っている人たちです。また、私たちのためにずっと祈りつづけているシスターやブラザーもいます。

祈りの力について、また神がどのように私たちの祈りに応えるのかについて、一つの例を紹介しましょう。司祭であるバート・ホワイト神父は、私たちの仕事に興味を持ち、カルカッタに来ました。そのときのことを彼はこう語っています。

私はマザー・テレサと〈神の愛の宣教者会〉の働きを見にいく前に、〈マザーハウス〉でおこなわれるミサに出席しようと思いました。表のドアのところに来ると、一人のシスターが私を出迎え、こう言ったのです。「神よ、感謝します。さあ、神父様、なかにお入りください」私はびっくりして、彼女に尋ねました。「なぜ、私が司祭であることがわかったのですか？」このとき、私は司祭服を着ていなかったのです。彼女はこう答えました。「いつもミサをとりおこなってくださる司祭がこられなくなったので、私たちは神に、ほかのかたを送ってくださいと祈っていたのです」

家族を愛でつつみなさい

祈りはとくに、子どもたちと、家族のために大切なものです。私は、愛は家庭からはじまると考えています。ですから、家族が全員で祈ることはとても重要なのです。家族がともに祈れば、一緒にいることができ、神があなたがた一人ひとりを愛するように、あなたがた家族も互いに愛しあうことができるのです。どんな宗教を信じているにせよ、家族はともに祈らなければなりません。また、子どもたちは祈ることを学ぶ必要があります。そして彼らには、一緒に祈ってくれる両親が必要なのです。もし、そうでなければ、子どもたちが将来、信心深く生き、信仰を持ちつづけ、深めていくことは難しくなるでしょう。

イギリスの修道院長をつとめるシスター・テレジナは、こんな体験を語っています。

子どもたちは、まず家族から、神について教わるべきです。家族に助けられながら信仰を身につけ、成長していくのが理想の姿です。ところが現在では、こうしたことはあまりおこなわれていません。大多数の親たちは信仰を喪失しており、神とのあらゆる従属関係を失っているからです。彼らは、子どもたちが正しく育つようにと神が与えてくれたすべての贈り物を失っているのです。彼らは賢さを失い、必要なときに子どもを導くための識別力も失っているのです。多くの親たちが、私にこう言っています。「すみません、私は自分の子どもをコントロールできません。彼らは私の言うことをきかないんです」

今日、世界中に数多くの、苦しんでいる家族がいます。祈ることはとても大切なことです。また、許すことも大切です。人々は私に尋ねます。互いの関係で苦しんでいる夫婦に、なんとアドバイスすればいいのでしょうか、と——私はいつもこう答えています。「祈り、許すことです」また、暴力的な家庭で育った若い人にもこう言います。「祈り、許すことです」そして、家族の支えのないシングルマザーにもこう言います。「祈り、許すことです」そして、こんな祈りを捧げるようにすすめています。「主よ、あなたを愛します。神よ、申しわけありません。神よ、あなたを信じています。神よ、あなたの存在を信じております。神よ、あなたを信頼しております。互いに愛しあえるように助けてください。あなたが私たちを愛するように」

自分の家族のために、聖家族（マリア、ヨセフ、そしてイエス）に祈りなさい。

私たちは、次のような祈りの言葉を使っています。

天にましますわれらの父よ、あなたはナザレの聖家族を
人生の模範として私たちの元につかわしてくださいました。
私たちをお助けください。おお、愛する父よ。私たちの家族を
愛と平和と喜びとがあふれるもうひとつのナザレとするために。
願わくば深く黙想し、強く感謝し、
喜びで活気に満ちあふれますように。
喜びの時も悲しみの時も、祈りとともに
家族がともにいられますように。
私たちの家族の一員であるイエスにまみえることをお教えください。
苦しみの姿をとられたイエスに。
イエスの聖なる心が、私たちの心を

イエスのように温和で、つつましやかなものにしてくださいますように。
そして、家族としての義務を聖なる方法で果たすことができますように、
私たちをお助けください。
神が私たちを愛してくださるように、私たちも他人を愛せますように、
もっともっと深く毎日愛せますように。
そして、互いの過《あやま》ちを許しあえますように。
あなたが私の罪を許してくださったように。
私たちをお助けください。おお、愛する父よ。
あなたがくださるものはなんでもお受けし、望まれるものは
なんでも、心からの微笑みでもってお捧げしましょう。
私たちの喜びの源、汚れなき御心の聖母マリアよ
私たちのために祈ってください。
聖ヨセフよ、私たちのために祈ってください。

いつも私たちとともにいる守護の天使よ
私たちを導き、守ってください。
アーメン

神は沈黙の友

だれにでも、自分と向きあい、祈るために、沈黙する時間が必要です。多くの人々が、忙しい毎日の中で沈黙の時間を見つけることはとても難しい、と私に訴えます。では、もう一度、先ほどの三人のシスターに登場してもらいましょう。最初にシスター・テレジナ、次にシスター・カテリ、最後にシスター・ドロリスが、それぞれ次のようにアドバイスをしています。

シスター・テレジナ
私が見た限りでは、現代生活には音があふれすぎています——そのために、多くの人々が沈黙を恐れるのです。神は沈黙のなかでのみお話しになるのですから、神を探し求めるためには、大きな問題なのです。多くの若い人は、どのように自分と向きあうべきかを知らず、ただ本能的に行動しているのです。
最近の都市は混沌《こんとん》とし、暴力が蔓延《まんえん》し、怒りやフラストレーション、叫びがあふれています。平和な田舎町や滝の落ちる音とは対照的に、都市には騒音が渦巻いています。人々は空虚さを満たすために食べ物をむさぼり、ラジオやテレビをつけっぱなしにし、家の外に出て走りまわっています。しかし、このような空虚さは、唯一、霊的なもの、神によってしか満たされないのです。一人の時間に入るために神に時間をさしあげ、祈り、神とともにあるようにつとめれば、こうした精神的な飢えは簡単に満たされることでしょう。

この場所から、神との関係と、霊的な人生がますます強まるのです。しかし、私たちの社会はたいへん多くの娯楽にあふれていて、そのなかで祈りに満ちた暮らしをするのは、とても難しいことなのです。

シスター・カテリ

〈神の愛の宣教者会〉のほかのシスターたちと同様、私には一人になる機会があまりありません。貧しい生活を選ぶということは、多くの場合、プライバシーも失うということを意味するのです――私たちは一人で祈ったり、黙想したりするために個室を与えられているわけではありません。とはいえ、まる一日一人になる機会もありました。そのとき私は、なによりも本を読みたかった――私は本が大変好きでしたが、いつもは忙しすぎて、本を読むことも、読みたいということもすっかり忘れていたのです。このとき私が見つけたのは、私がまさに読みたいと思っていたのを神が与えてくれたようなもので、シエナの聖カタリナの書簡集《しょかんしゅう》でした。彼女は十四世紀のイタリアの人で、私と同じような苦境に立たされていました――祈り、沈黙しようとしながらも、二十五人もの子どもに囲まれた家庭で暮らしていたのです。彼女は自分自身の中に、祈ったり、神とともにあるための「独房」を見つけることがいかに大切かを説いていました。ほとんどの人が、山中にこもったり、洞穴に入って隠遁者《いんとんしゃ》になるようなことはできないのだから、そうした特別な場所を自分のなかに見つけなければならない、というのが彼女の意見でした。私たちには彼女のアドバイスのとおりにする必要があり、また、それができると私は信じています。人生にはほかにもさまざまな義務がありますが、私たちはとりわけ、祈ることを学び、騒々しい家や町のなかでも沈黙の場所を見つけられるようになる必要があるのです。

かつて私は、地方の刑務所を毎週訪問していました。そして、静かな場所を渇望している数多くの人々を見ました。私はよく、受刑者たちと一緒に祈ってすごしたものです。恐ろしげな男たちが——彼らの多くは殺人を犯したり、過酷な生活をしてきたり、暴力的な暮らしをしてきたのです——しかし、子どものように頭を垂《た》れ、敬虔《けいけん》に祈る姿は、ほんとうに美しいものでした。私にはわかるのです。そんな彼らでも、いったん沈黙の雰囲気にひたれば、ほんとうに平和な状態になるということが。

シスター・ドロリス

もし、世界中のだれもが、毎日ほんの五分か十分立ち止まり、考える時間を持つだけで、神に与えられた多くの仕事がなしとげられることでしょう。私たちには自分と向きあうことが必要なのです。毎日、神に恵みを求めることが必要なのです。そして神を自分たちの生活のなかに導きいれ、神を他の人に分け与えることが必要なのです。私たちが神を自分の生活のなかに抱いているとき、それは意味を持ち、すべてのものを価値のある、実りあるものとするでしょう。神の不在は、世界を完全なものでなくしてしまうのです。

神の前の平等

神はただ一人、そしてすべての人にとっての神です。ですから、すべての人が神の前では平等だということは、とても重要なのです。私はつねづね、ヒンドゥー教徒はよりよいヒンドゥー教徒に、イスラム教徒はよりよいイスラム教徒に、カトリック教徒はよりよいカトリック教徒になるようにするべきである、と言ってきました。

私たちは自分の宗教を広めるためだけに活動しているのではありません。ロンドンのシスター・テレジナと同じように、行動と献身とを通して、自らの信仰を示そうとつとめているだけなのです。カルカッタのティターガルで〈ハンセン病《ガンジー・プレム》患者の家《・ニバス》〉を運営しているブラザー・ビノドは、次のように語っています。

私たちの仕事は、人々に対して見本になるものでなくてはならないと、私は信じています。四百七十五人の患者たちは、それぞれ違った宗教を信じています――三十の家族はカトリックで、残りはヒンドゥー教徒、イスラム教徒、シーク教徒と、すべて違う宗教です。しかし、私たちが祈りを捧げるとき、彼らはみな、やってきます。七時になると、全員が三十分間集まってきます。そして私たちは朗読します――ある人は聖書を、またある人は他の聖典を。どのような本であってもかまわないのです。ときには短い演説をする患者もいます。

違う宗教の人々が一緒に祈っていて、問題が起きたことは一度もありません。私が見たのは、人々がただ、神に飢えている姿です。キリスト教徒であれ、イスラム教徒であれ、私たちは一緒に祈ろうと誘います。スペインやフランスにある〈布教活動の家《ミッション・ハウス》〉には、たくさんのイスラム教徒がやってきます。彼らは熱心に祈りを捧げようとします。そのため私たちは、彼らが祈れるように励《はげ》まし、神との関係を築けるよう心を砕いています。祈れば、すべてのことがわかるからなのです。

毎日祈りなさい

一日に何度も、祈りの必要性を感じるようにしなさい。そして、祈るという困難も味わいなさい。祈りは神そのものを贈り物として心に抱くことができるまで心を大きくしてくれます。神に尋ね、求めなさい。そうすれば、あなたの心は神をも受け止められるほど大きくなり、心のなかに神をしっかり抱きつづけることができるようになるでしょう。

私たちの祈りの本のなかから、私たちが毎日祈る言葉を記しておきます。もし、あなたが祈りの言葉を知らなかったり、もっと知りたいと思ったとき、ここに記した言葉が役立つでしょう。キリスト教徒でないなら、あなたは「イエス」の部分を「神」に置き換えてもかまいません。

私たちすべてを、あなたのまことの実を結ぶブドウの枝にしてください。
イエスよ、あなたを人生のなかに受け入れることで、
真実は語られ
命は生きぬかれ
光は照らされ
愛は与えられ
道は歩まれ

喜びは与えられ
平和は広がり
犠牲は差し出されますように。
私たちの家族のなかに、私たちの隣人のなかに。

＊

神よ、私は信じます。あなたがここにいることを。
私はこの心と魂すべてでもって、あなたをあがめ、愛します。
なぜならあなたは、私たちの愛すべてを
捧げるべき価値のある方だからです。
私たちは天国で御恵みがあるように、あなたを
愛したいのです。
あなたが与えてくださる神の摂理をあがめ、

あなたのご意志を、
すべて受け入れることとしましょう。
あなたのために、私たちは隣人を愛します。
自分自身を愛するかのように。
私たちを傷つける人も快く許し、
私たちが傷つけた人に許しを乞います。
愛するイエス、私たちがどこへ行こうとも
あなたの香りを広めることができるよう、私たちをお助けください。
私たちの魂をあなたの霊と命とであふれさせてください。
私たちの存在を貫き、支配してください。
完全なまでに、
あなたのものとなった私たちの命が、あなた自身の輝きとなり、
私たちを通して輝き、私たちのなかに宿り、

私たちに触れるすべての魂が、私たちの心のなかに
あなたの存在を感じることができますように。
人々が、私たちではなく、
イエス様、ただあなただけを見ますように！
私たちとともにいてください、
あなたの輝きで私たちが輝きはじめられるために。
他の人のためにともす光となるために。
光は、おお、イエス様、すべてあなたからくるもの。
私たちからのものではありません。
私たちを通して他の人を照らしている光はあなた自身に違いありません。
私たちの周りのものすべてを輝かすというあなたがもっとも愛する方法で、
あなたを讃えさせてください。
言葉ではなく行動で、説教をすることなく、

あなたのことを伝えられますように。
私たちのすることで力を得た人々、共感を抱いた人々によって、
愛に満たされた私たちの心が、
あなたのところに導かれますように。
アーメン

*

イエスよ、私をお救いください
愛されたいという欲望から
ほめられたいという欲望から
名誉を得たいという欲望から
称賛されたいという欲望から
人よりも好かれたいという欲望から

相談されたいという欲望から
よく思われたいという欲望から
人気を得たいという欲望から
屈辱を受けるという恐れから
軽蔑されるという恐れから
非難されるという恐れから
中傷されるという恐れから
忘れ去られるという恐れから
ひどい扱いを受けるという恐れから
嘲笑されるという恐れから
疑われるという恐れから

2 信仰

祈りの果実は信仰である

神はあらゆるところに、あらゆるもののなかに存在します。もし、神がいなければ、私たちも存在しないのです。私は一瞬たりとも、神の存在を疑ったことはありません。しかし、疑う人がいることも、私は知っています。

もし、あなたが神を信じていないなら、愛の働きをすることで他人を助けなさい。それらの働きの実りは、特別の恩寵《おんちょう》となり、あなたの魂に宿ることでしょう。そうしてあなたはゆっくりと心を開き、神の愛の喜びを求めるようになることでしょう。

世のなかには多くの宗教があり、それぞれが異なる道を、神にしたがって歩んでいます。私はキリストにしたがっているのです。

イエスは私の神
イエスは私の伴侶
イエスは私の命
イエスは私の唯一の愛
イエスは私の抱くすべて
イエスは私のあらゆるものすべて

ですから、私は少しも恐れていないのです。私はこの仕事をイエスとともに、イエスのために、イエスに対してしているのです。ですから、その仕事の結果はイエスのものであり、私のものではありません。導きが必要であれば、イエスを見つめればいいのです。彼にすべてをゆだね、彼を完全に信頼すればよいのです。

そうすれば、あなたの心にあった疑いも晴れ、あなたの心は確信で満たされるでしょう。イエスはこう言っています。「子どもにならなければ、私のもとに近づくことはできない」

シスター・テレジナはこのように説明しています。

私たちは神の国のために働いています。私たちは自分の人生を神の国のために捧げています。主は間違いなく、私たちに道を指し示し、導き、与えてくださるただ一人の存在なのです。たとえば、私たちは神の摂理を見失うことは決してないので、蓄えようとはしませんし、与えられるものだけで生きていくだけです。私はこのように考えます。もし、浪費せず、いま与えられないものまで手に入れようとしなければ、私たちは永遠に神の恵みを受けつづけられるだろう、と。私たちには柔軟に対応することが求められます――神の意志にかなうことであれば物事はたやすく進み、神の意志にかなわなければ、難しくなります。私たちは神がどのような方法で現われるとしても、私たちに手をさしのべる誘いに耳をかたむけなければなりません。

人生を神にゆだねるとどんな気持ちになるのかについては、シスター・カテリの言葉を借りて説明しましょう。

神の摂理を心から信じると、真の自由が得られます。私たちは今を生きようとしており、計画を立てる責任はありますが、明日を憂うことはありません。他の人のように、一年も先のことを計画するようなことはありません。前もって計画しておかなければ何かしようと考えられない人がいる場合でも、別の計画を立てるようなことはしません。私たちのアプローチは、とりあえずやってみることなのです――そして、それはうまくいくことが多いものです。

何の前ぶれがなくとも、イエスに使われるままにしなさい。無条件にさしだすのです。彼が求めるものを、彼が与えてくれたものを、彼が微笑んで受け取るであろうものは何でもさしあげるのです。神からの贈り物を受け取り、深く感謝しなさい。もし、神が大きな富をあなたに与えたならば、それを使いなさい。その富を、何も持っていない人々と分かちあうようにしなさい。いつも他人と分かちあい、ほんの少し助けてあげれば、彼らを貧困から救うことができるのです。自分が必要とするだけを残し、それ以上のものを手に入れてはいけません。来るものは拒まずに受け取りなさい。

ニューヨークのシスターたちは、マークという歯科医から、長年にわたって多大な援助を受けてきました。彼はかつて、次のような話をしてくれました。それは、受け取ることについての私の意見を代弁してくれるものでした。

なにがあろうとも、物事はあるがままにしかならないものです。問題なのは、私がそれをどう見るかなのです。かつてシスターの一人に話したことを思い出します。当時、妊娠していた私の妻は、流産しかかっていました。そのとき私がすぐ思ったのは、祈ろうということでした。祈れば赤ちゃんは助かるかもしれない。しかし後に、それは間違った祈りだと分かりました。正しい祈りとは、私たちに対するいかなる神の意図をも、受け入れる力を与えてくれるものであるべきなのです。

〈神の愛の宣教者会〉として、私たちはもっとも貧しい人々を助けるために、ここにいるのです。たとえ、どんな身なりをしていようとも、ここにはいつでも悩めるキリストの姿があります。私たちはイエスのために働いているのですから、自らの仕事に対して、一ルピーのお金も受け取りません。神が私たちの生活をささえてくださいます。もし、神が何かしてほしいと思うなら、私たちにその財力を与えてくださることでしょう。もし、神が私たちに財力を用意してくださっていないのならば、しなくてもいいということなのでしょう。

だれにとっても同じことなのです。〈神の愛の宣教者会〉の者であっても、そうでなくても。バート・ホワイト神父が、そのことについてこう語っています。

金銭や財産を手に入れることばかり考えている人は、「より大きく」「より強く」「より多く」という気持ちにあふれた、物欲にまみれた道を行けばいいのです。そういう人は信仰をたもつことなどできません。しかし人間は、信仰を抱き、神の真実を信じるべきなのです。信じることで物事はうまくいくのです。

世界はただ一つです。物質的な世界と霊的な世界の二つが存在しているのではありません。神のおつくりになった宇宙は天国も地上もひとつの国なのです。私たちはたいてい「天にましますわれらの父よ」と祈ります――その時、神は天におられ、私たちはここにいて、この世には二つの世界があるのだと考えがちです。西洋では物質と霊とを、とても簡単に、かつ便利に切り離して考えようとする人々が大勢います。しかし、真実は一つであり、事実は一つなのです。神の受肉を受け入れること、すなわちキリスト教徒にとって神は人となってイエス・キリストの姿となって現われたということを受け入れると、物質と霊とを同じものとして考えられるのです。神は天だけにいるのではなく、この世のあらゆる場所におられます。そう考えるようになってはじめて、私たちはあらゆる物事に対して真剣に考えるようになるのです。

神は私たちを試される

私たちはみな、善と悪との両方を持ちあわせています。悪く生まれついた人などいません。だれもが善の部分を内側に持っています。ある人はそれを隠し、それを無視するでしょう。しかし、確かに善の部分があるのです。神は私たちを互いに愛し、愛されるようにお創りになったのです。ですから、善の道を行くか、それとも他の道を行くかというのは、神が私たちに与えたテストでもあるのです。十分な愛を与えられない人は、悪の道に堕ちてしまうかもしれません。そんなことがどこまで広がってしまうのか、私にはわかりません。それは悲しい一面です。もし悪を選べば、その人と神とのあいだには障害物が築かれ、その人は苦しみのなかで神を完全に見失ってしまうでしょう。ですから、私たちを破壊するようなどんな誘惑をも避けるべきなのです。私たちは祈ることで、誘惑に打ち勝つ強さを得るでしょう。なぜなら、少しでも神に近づいた人間は、まわりにいる人たちに、楽しさと愛を広めるからです。

いったん悪の道に堕ちた人は、次々にまわりの人に悪を広めていくかもしれません。もし、そのような人々と交際していたならば、彼らを助けようとしなさい。

神が彼らを求めているのだということを示さなければなりません。彼らに再び祈りが戻るようにと一生懸命祈りなさい。それが、悪いと言われる人を救う方法なのです。そうすれば彼らはもう一度、心のなかで神に出会い、ほかの人のなかにも神を見い出すようになることでしょう。なぜなら、どんな人も、同じ愛に満ちた手によって作られたものだからです。キリストの愛はいつでも、世界中のどんな悪よりも強い存在であり、私たちには愛し、愛されることが必要です。とても簡単で単純なことなのです。それをなしとげるために、それほど苦労はいらないでしょう。

あらゆる命は神にとって大切なもの

まだ生まれていない子どもは、貧しいものの中でもっとも貧しい存在です。彼らはとても神に近いのです。私はインドの病院で、いつでも医師に頼んでいます。どうか、中絶をして、まだ生まれていない子どもを殺さないように、と。もし、だれもその子が生まれるのを望まないのであれば、私がその子どもを預かりましょう、と。

私はすべての子どもの瞳に神を見るのです――だから、私たちは、望まれなかった子どもも喜んで迎えるのです。私たちは養子縁組をすることで、そういった子どもたちに家庭を与えています。

ご存じのように、人々はいつでも無垢な子どもたちが戦争で死んだりすることを憂えています。そして、こういうことが起こらないように努力しています。しかし、母親が中絶によって自分の子どもを殺そうとするのを止めることはできるのでしょうか？　たとえどんな環境にあっても、すべての命が神にとっては大切なものなのです。イザヤ書第四十三章の四節において、神はこう言っています。

「あなたはわが目に尊《たっと》く、重んぜられるもの」

私たちは世界中の多くの〈家〉で、貧しい人々に自然な家族計画を指導しています。女性には数珠《ビーズ》を与え、それで日数を数えることで自分の身体のサイクルを知るよう教えています。夫と妻はお互いに愛し、尊敬するべきです。妊娠可能な期間中、セルフコントロールすることを学ぶべきなのです。シスター・ドロリスが言うように、このことは神が決めたことなのです。

私たちは、一人ひとりの人間が、神の前では特別で貴重な存在なのだというこことを信じています。それから、生きていくうえで、また仕事に取り組んでいるときにも、ずっと神とともにあるのだということも。神は支配者であり、私たちが何をするべきか語りかけてくれます。それはとても単純な原理なのですが、ときおり私たちは神を忘れ、自分たちが支配者の役を果たしているのだと思ってしまうのです。

教会は私たちの家族

神は教会と切り離すことはできません。彼はどこにでも、何にでも存在し、私たちはみな——ヒンドゥー教徒も、イスラム教徒も、キリスト教徒も——神の子どもだからです。私たちは神の名のもとに集い、そのことが私たちに力を与えてくれます。教会は私たちに司祭を与え、ミサをおこない、秘蹟《ひせき》をさずけます。それらは、私たちが毎日のつとめを果たすためには不可欠なものです。また、私たちには聖体拝領が必要です。イエスをいただかなければイエスに与えることができないからです。

教会は家族です。そして、あらゆる家族と同じように、私たちはともに生きていかなければなりません。司教は新しい〈家〉を開くようにといつも私たちにすすめてくださり、教会をさがす手助けもしてくれます。とはいえ私はカトリック信者にならなければならないと言っているのではありません。互いに愛しあい、理解しあうことが必要だと言っているのです。教会が今日はたすべき役割について私の意見を求められることがあります――未来に向けて、あるいは、教会内での女性の地位について、というようなことです。でも、私には、そんなことに頭を悩ませている時間はないのです。毎日しなければならない仕事が山のようにあるからです。

私たちはキリストに仕えています。教会では、神は私たち家族の長であり、彼がすべての決断をするのです。キリストにとっては、教会は昨日も、今日も、明日も同じものなのです。神にとっては、すべてのことがまったく簡単で単純なことなのです――私たちに対する神の愛は、いずれは終わるであろうあらゆる闘争などよりもずっと大きなものなのです。

信仰とともに育つことは、神の意思です。シスター・テレジナは次のように語っています。

信仰は神の贈り物

信仰というものは育ち、成熟していくものなのです。どんなに高度な教育を受けた人でも、信仰を抱いていなければ、世界に何らかの意味を見いだすことはできません。きっと彼らは聖書を読んだことがなく、神を知ろうともせず、神がどんなに素晴らしい存在であるか、知るよしもないでしょう。そして彼らは、神をいささか疑わしく思ってさえいるのです。彼らにとっては、神はまるで裁判官のようであり、彼らが楽しむのを快く思っていない、非常に厳格な父親のような存在なのです。

さて、シスター・カテリは、信仰というものの本質について、さらにくわしく述べています。

私はカトリック信者として、信仰とは魂にふきこまれた超自然的な美徳だと理解しています。この美徳こそ力であり、可能性なのです。たとえば、脚がなければ、私たちは歩くことができません。もし、目がなければ何かを見ることができません。それと同じように、信仰がなければ、神秘にあふれ、私たちの理解の範疇《はんちゅう》を超えて存在するものを信じることができないのです。子どもたちにはまだ、信仰の神秘さを理解することはできないでしょう――しかし、いずれ大人へと成長していくときには、それを理解し、吸収し、さらに深く理解する必要があります。そうすることによって、より強く信じることができるのです。

信仰は神の贈り物です。それは祈り、希望、愛を通して大きく成長していくものなのです——それらは内なる人生において、もっとも大切な三つの美徳なのです。

キリスト教徒として人生を送るということは、信仰を成長させつづけることです。私たちを導いてくれる、素晴らしい聖人たちがたくさんいますが、私は、イエスの「小さき花」、リジューの聖テレーズのように、純粋なかたが好きです。私が自分の修道名を彼女にちなんでつけたのは、彼女はごく普通のことを、とてつもない大きな愛をもってしていたからなのです。

聖人たちの業績について学んだり、書物を読んだりすることはよいことです。聖人に列せられてはいなくとも、他の聖なる人々についても同様です（私が好きな本の一つはシャルル・ド・フーコーの『砂漠の種』です）。とはいえ、神が行動や仕事を通して、私たちが学ぶ必要のあることすべてを教えてくださっていることを忘れてはいけません。シスター・ドロリスはこう説明します。

私たちは宗教的な本を読むために、なんとか時間を見つけようとしています。私は聖人たちの業績について書かれた本を読むのが大変好きで、それはとても役に立ちます。また、聖なる母マリアに関する本も――彼女はほんとうに最高の母親です。しかし、私たちには長いこと腰を下ろしている時間などありません。そこで私たちは、さまざまな祭日を祝うのです。たとえば聖フランシスの日や聖テレサの日、そして九月十日は、ダージリンに向かう列車のなかで、神がはじめてマザー・テレサに話しかけ、「もっとも貧しい人々のために働きなさい」と啓示を与えられた日です。ほんとうのところ、私には数多くの本を読む必要などないように思えるのです。いつでも他の人々から教えられているからです。私の働いているニューヨークとワシントンの〈家〉にいるエイズ患者たちは、現代の聖人です。

彼らは教会の新しい聖人なのです。患者の一人ひとりがほんとうに品性の優れたかたばかりで、残された日々をイエスとともに成長することに費やしているのです。彼らの生きる一瞬一瞬はとても美しい。私には彼らが、まるで本に書かれている聖人のように思えるのです。

精神的に成長するためには、自己認識を得ることも重要なことです――自分自身を知り、自分自身を信じることは、あなたが神を知り、信じることができる、ということを意味するのです。聖アウグスティヌスは「まずは自分自身を満たしなさい。そうすれば次に、あなたは他人を満たすことしかできなくなる」と言っています。自分自身を知ることが謙遜《けんそん》につながり、神を知ることが愛を生み出すのです――それについてはシスター・カテリの言葉を借りましょう。

祈りによって人が成長するように、人は、自己を知ることによっても成長します。自分の罪深さについて知ることができれば、人間の潜在的な罪深さについても知ることができるでしょう。そのことがわかれば、聖フィリポ・ネリの「私は行く、神の栄光の為に」という言葉の意味がほんとうに理解できるようになるでしょう。そしてやがて、他人の弱さを受け止めることがより簡単になるでしょう。なぜなら、自己を知った人には、深いところで、少なくとも自分自身の罪深さへの気づきがあるからです。私たちはみな人間であり、人間にはみな同じ人間ならではの弱さがあるのです。

挫折という木と、自己実現という木

挫折の木

その枝は、空虚感、疎外感、無感動、

対人関係での争い、犯罪、依存症、
アルコール中毒、麻薬中毒。

その根は、恐れ、不安、憤り、嫉妬、
不信、敵意、罪悪感、自己憐憫。

＊

自己実現の木
その枝は、目的を持つこと、健康、よろこび、
やる気、満足、寛容さ、
実践、創造力。

その根は、慈愛、友愛、許し、

愛、感謝、親切、温かさ、信頼。

私は天国に向かっている(注)

すべての物事は神によって決められます。人間が生きることも死ぬことも、神が決めているのです。私たちは信仰の心を神に向け、死ぬまでにするようにと神が与えた仕事をしなければなりません。シスター・ドロリスが言うように。

毎日が死への準備です。そう認識することは、あなたに何らかの助けをもたらします。なぜなら、死に行く運命にありながら今日を生きながらえたということは、明日も生きなければならない、ということを意味するからです。私たちは神と結ばれて生きていることを学ばなければいけません。死は神のもとへ帰る以外の何物でもありません。そこは私たちが神とともにずっと暮らすことができる場所なのです。

だれでも天国に行くことができます。天国は私たちの家なのです。多くの人が、死について、そして、私が死を待ち望んでいるのかどうか、と尋ねます。私は「もちろん」と答えます。なぜなら、それは家に帰ることだからです。死ぬことは決して終わりではありません。それはまさに始まりなのです。死は人生の延長にすぎないのです。死は永遠の命を意味します。つまり、そこでは私たちの魂は神のもとへ行き、神の前に出、神にまみえ、神と言葉を交わし、より大きな愛でもって神を愛しつづけるのです。天国では、私たちは自分の心や魂のすべてで神を愛することができるからです。死によって奪われるのは肉体だけ——私たちの心と魂は永遠に生きつづけるのです。

私たちは死ぬことによって、神と一緒にいられるようになります。そして、自分の知っている、すでに亡くなってしまった人すべてに会うことができるのです。家族や友人たちが、私たちを待っているのです。天国は美しい場所に違いありません。

どの宗教にも、みな永遠の、もう一つの生があります。死を恐れる人々は、死がすべての終わりだと信じているのです。私は、神の愛を知った人のなかで、恐れながら亡くなった人を一人も知りません。私たちがみなそうしているように、神と和解しなければなりません。人はいつでも突然に死ぬものです。私たちにもいつどんな形で死が訪れるかわかりません。昨日はすぎましたが、明日はまだきていないのです。ですから、毎日、今日が最後の日であるかもしれないと思いながら生きなければなりません。そうして、準備ができ、心がまえもでき、清らかな心で死ねるようになったとき、神は私たちを天国へと導いてくださるのです。

注　カルカッタ〈死を待つ人の家〉の遺体安置所のサインより

3
愛

信仰の果実は愛である

　西欧で、今日もっとも重い病気といえば、肺結核やハンセン病などではありません。人々がたがいに求めあわず、愛しあわず、世話をするものがない、という病《やまい》です。肉体的な病は薬でも治すことができますが、孤独や絶望や失望というような「病」を治すことができるのは、ただ一つ、愛だけです。世界にはただ一切れのパンがなくて死にかけている人々もいますが、愛に飢えて、魂が死にかけている人は、もっと大勢います。先進国での「貧困」というのは、違った種類の「貧困」だといえます——孤独からくる貧困、霊的な貧困なのです。愛に飢え、神に飢えている人がたくさんいます。

あなたが神の恵みを受けていないかぎり、彼らが求めていることに応じることは不可能です。シスター・ドロリスとシスター・カテリは次のように語っています。

シスター・ドロリス

まず神に愛されるべきです。そうしてはじめて、他人に分け与えることができるようになるのです。他人に愛を与えたいのであれば、与えるための十分な愛に満ちていなければなりません。神はそのようになさいます。私たちがしようとしていることが何であれ、すべてをするようにさしむけているのは神なのです。そして、私たちが神の愛を感じることができるようになれば、私たちから愛が放たれることでしょう。神の愛には境界はありません。

シスター・カテリ

愛とはただ一つ、神の愛しかありません。神を十分に深く愛していれば、隣人を同じように愛せるでしょう。それは私たちが神の愛に包まれて育ったからです。そして神の愛に包まれて育てば神が与えてくれたすべての贈り物を認められるようになり、神が創られたすべてのものを尊敬できるようになり、ごく自然に、それらすべてを大切にしたいと思うようになります。

神は人間の喜びのために世界を創造したのです——私たちはただ、神の素晴らしさが世界を満たしていること、神が私たちを気遣《きづか》ってくださっていること、神が私たちの求めているものに気づいていることを、知ってさえいればいいのです。待ち望んでいた一本の電話が来る、だれかが車に乗せていってくれる、一通の手紙が届く——一日のなかのそんなささいな出来事も、神が私たちのためにしてくれることなのです。私たちは彼に感謝することを忘れてはなりません。そして、彼の愛を思い出し、気づいたときに、私たちは彼を心から愛しはじめるようになるのです。彼は私たちのために忙しく働いてくださっているのです――決して彼に逆らうことはできません。私は人生において、幸運などというものはなく、すべては神の愛や神のみわざなのだと信じています。

神がいかにあなたを愛しているかを知ったとき、あなたははじめて、愛をまわりに放ちながら生きられるようになるのです。愛は家庭からはじまると、私は常々言っています。家族が最初で、それからあなたの町へと広がっていくものなのです。遠くにいる人々を愛するのはたやすいことですが、一つ屋根の下に同居していたり、ごく近くに暮らしていたりする人を愛することは、たやすいことだとはいえません。私はあまり大げさなことをするのには賛成しかねます――愛は個人からはじまるものだと思うのです。だれかを愛するようになるためには、あなたはその人と接し、近づかなければなりません。だれもが愛を必要としています。だれもがその存在を必要とされており、神にとって重要な存在であることを知るべきです。

イエスはこう言っています。「わたしがあなたがたを愛したように、あなたがたも互いに愛し合いなさい」。また「わたしの兄弟であるもっとも小さい者の一人にしたのは、わたしにしてくれたことなのである」。ですから、私は貧しい人のなかにいるイエスを愛するのです。イエスは言いました。「あなたがたは、わたしが空腹のときに食べさせ、裸のときに着せてくれたからだ」

私はシスターやブラザーたちに人生はつねにイエスとともにあることで成り立っているといつもいっています。シスター・テレジナはこのことについてより詳しく語り、バート・ホワイト神父も彼の意見をこう語っています。

シスター・テレジナ

私たちは世界からの隠遁者で、私たちの人生は祈りと行動を中心としています。その行動は黙想からほとばしり出てくるもので、私たちは何をするときも神とともにあり、私たちは仕事（〈奉仕〉と呼んでいます）を通して、神との絆を強めています。ですから、祈りと行動、行動と祈りの繰り返しが、絶え間なく循環しつづけているわけです。

バート・ホワイト神父

ガンジーは言いました。「行動しなさい。しかし、その行動に何か実りがあることを求めてはいけない」と。あなたがたの行動はあなたがた自身からあふれ出てくるもので、それ自体が実りなのです。それは愛のはじまりにも似ています――愛がだれかに向けてあふれ出したとき、あなたはその人を愛しはじめるのです。

次に記す祈りの言葉は、〈神の愛の宣教者会〉のだれもが〈奉仕〉に出る前に必ず唱えるものです。〈死を待つ人の家〉や〈孤児の家〉でも、この祈りの文が使われています。

主よ、大いなる癒し人。私はあなたの前にひざまずきます。
すべての完全なる贈り物はあなたから頂戴《ちょうだい》したものだからです。
どうか私の手に技術を、私の心に
はっきりとした目標を、心に親切さと従順さをお与えください。
私に目的に向うひたむきさと、
仲間たちの重荷の一部をともに支えあげる強さを与え、
そして、私に与えられた恵みを真に現実のものとしてください。
私の心からずるさや世俗的な思いを取り去ってください。
子どものように単純な信仰で、
私があなたに従うことができますように。

私たちの手の温もり

愛というものは、決して恩着せがましいものではありません。そして、慈悲の心とは、哀れみではなく愛なのです。慈悲の心と愛とは同じことです——慈悲の心で愛を与えるということは、お金をだすだけではなく、手もさしのべることを意味しています。私はロンドンで、仲間のシスターがスープキッチン（貧困者や浮浪者などに食事を提供する場所）を開いているところへ、ホームレスの人たちに会うために行ったことがあります。段ボールでつくった粗末な小屋に住んでいるある男性が、私の手を取ってこう言いました。「人間の手の温もりなんて、もうずいぶん長いこと忘れていたよ」

私たちのボランティアの一人であるメリーが、人々に手をさしのべる方法について こう述べています。

愛がともなわず、ただ物を与えられるだけでは、人々は落ちこんでしまうのだということに私は気づきました。ただ単に、何かをしてもらいたいとしか思っていない人はいないということです。私はスープキッチンに参加した体験から、人々はさまざまなふれあいによって助けられるのだということにも気づきました。たとえばシスターに手を貸す、というようなことでいいのです。それから、食事を配ったり、皿を洗ったりすることばかりに、あまり熱心になりすぎないことも大切です。それよりも必要とされているのは、だれかと話をし、だれかの隣に腰を下ろし、一対一の接触をすることなのです。スープキッチンにくる人々の多くは写真を持ち歩いているので、彼らに写真を見せてほしいと頼むのもいいでしょう――あるいは、彼らのヘアスタイルについてジョークを言うことも――とにかく、何だっていいのです。

何よりも大切なのは、ふれあうことです。「食事はおいしかったですか？」とひとこと声をかけるだけでもいいのです。施設の裏で皿洗いをするのではなく、あなたしか皿を集められる人はいないのだ、と考えてください。いきなりそうするのが難しければ、だんだんにやっていけばいいのです――そして、もしだれかが一人でぽつんと立っていたり、歩いていたり、座っていたりしたら、彼らに手をさしのべるチャンスなのです。

つづいてメリーは、求めてくる人とどうやって接するかについても語ってくれました。

ボランティア仲間のグループが、少し前にアルバニアに行き、そこのシスターたちを訪ねました。帰国した彼らと話していると、障害児たちの施設についての話がでたので、私はさっそく見学に行ってきました――ところが、そこはひどいところでした。その施設にはたくさんの救援物資が送られてくるのですが、物資が届くたびに、まわりの住民たちが敷地に入ってきて奪っていってしまうのです。というのも、彼らもまたいろいろなものを必要としていたからです。もう一つ、私を驚かせたのは、たくさんの救援物資がしまいこまれている納屋があるのに子どもたちに届いていないことでした。そこで私たちは、納屋からリンゴの入った箱を持って戻り、子どもたち一人ひとりにリンゴを手渡しで配りました。というのも、もし、私たちが箱をそこに置いただけで帰ってしまったなら、多分また、まわりの住民たちが自分の子どものためにリンゴを奪ってしまい、孤児院の子どもたちはリンゴをもらえなくなってしまうだろうと思ったからです。

分かちあえない愛など、何の意味もありません。愛は行動で表わすべきなのです。見返りを期待せずに愛さなければなりません。愛そのもののために何かをするべきで、何かを受け取れるかもしれないから、するのではないのです。あなたがもし、何かの見返りを望むなら、それはもう愛ではなくなってしまいます。真実の愛とは、条件をつけたり期待することなく愛することなのです。

求めれば、神があなたを導いてくれます。神が私たちを、ここにいるエイズ患者の世話をするよう導いてくれたように。私たちは患者を裁くことはしません。私たちは、彼らにいったい何が起こったのかとか、どうして病気になってしまったのか、などと尋ねることはありません。ただ、彼らが今、何を必要としているのかを見きわめ、世話をするだけです。私は、神はエイズという病いでもって、なにかを私たちに語りかけているのだと思います。私たちの愛を示す機会を与えてくれているのだと思うのです。エイズに冒された人々は、きっとこの場所で、これまで拒絶され、忘れていた、優しい愛に気づいてくれることでしょう。

次に紹介するシスター・ドロリスの言葉は、愛をもって生きることがどんなに簡単なのかをよく示してくれます。

エイズにかかって〈家〉にやってきた人たちは、最初、とてつもない恐怖感を抱いています。彼らにとっては、死に向かっているのだという事実に対処するのはとても難しいことなのです。しかし、〈家〉で私たちと一緒に暮らし、他の人々の最後の瞬間を見届けているうちに、彼らは変わります。私はニューヨークで出会った一人の男性患者のことをよく覚えています。彼の母親がプエルトリコからやってきて、もし、彼が家に帰ってくるのであれば、自分が看護すると言いました。男は母親にとても感謝しながらも、自分はここに残ると言いました。ある日、彼はこう言いました。「私が死ぬときには、あなたがここにいて、手を握っていてくれるんだよね」。彼は私たちが他の人にそうしているのを見ていたので、自分が独りぼっちで死ぬことはないと知っていたのです。

それはまったく単純な現実なのです。死に行く人々は彼らが受ける愛によって心を動かされるのです。その愛というのは、ただ手にふれることだったり、コップ一杯の水を持ってきてくれることだったり、甘いお菓子を分け与えてくれることなのです。あなたはただ、彼らが求めているものを、彼らに持っていくだけなのです。それで彼らは満たされ、だれかが自分を心配し、自分を愛し、自分を必要としていることを知るのです――そういうことが、彼らにとってはとても大きな支えとなるのです。そういうことを通じて、彼らは、神というのはもっと親切で優しいに違いなく、自分たちの魂はきっと神のもとへと召されるだろうと信じるのです。私たちが説教をしなくても、ただ愛を持って行動しているだけで、彼らは神の恵みにふれることになるのです。

〈神の愛の宣教者会〉の男子修道会の責任者であるブラザー・ジェフは、愛を与えるためのもっともいい方法について、次のように語っています。

拒絶されたり、捨てられたりした経験のある人々にとっては、自分を認めてくれたり、愛してくれる人が必要なのです。彼らは、自分のために時間を割いたり、エネルギーを使ってくれる人々に会うことによって、彼らが決して役に立たないものではない、というメッセージを受け取るのです。

確かに、愛というのは、何かをするという以前に、まず一緒にいることで示されるものなのです。私たちは絶えず、このことを肝に銘じておかなければなりません。私たちは何かをすることに熱中しがちです。もし私たちの行動が、だれかと一緒にいたい、という願いからまず最初に生まれたものでなければ、ほんとうに単なるソーシャルワークになってしまいます。もしあなたの愛が純粋なものならば、貧しい人々のほしがるものがわかるようになるでしょう。そして、喜んで彼らと一緒にいられるようになったとき、あなたはきっと、愛の表現として何かできることをしたいと思うようになるでしょう。このように、奉仕というのは、だれかにとってのあなたの存在を表現するという、単純なことなのです――ただ、もっとも貧しい人々が抱いている問題を楽にしてあげることはできません。しかし、彼らと一緒にいて、彼らのために存在することによって、彼らにしてあげることの意味に大きな違いがでてくるのです。

私たちがもっとも貧しい人々に伝えようとしているメッセージは、次のようなものです――「私たちはあなたの抱える問題を解決してあげることはできません。しかし、神はたとえあなたが障害を持っていても、アルコール中毒であっても、ハンセン病であっても、あなたのことを愛しているのです。そして、あなたが治ったとしても治らなかったとしても、神はあなたを十分に愛しており、私たちはその愛を表現するためにここにいるのです」。もし私たちが彼らの痛みを少しでもとりのぞく手助けができたなら、それは素晴らしいことです。しかし、もっと重要なのは、どんな痛みや苦しみの真っただなかにいようとも、神が彼らを愛しているのだということを、彼らにいっも思わせることなのです。これは確かに伝えるのがとても難しいメッセージですが、私たちは痛みをとりのぞくよりも、彼らのために生きるということがまず最初だと信じています。だれかと一緒にすごすということは、あなたがその人にできる大きな愛の表現だと思うのです。

さて次に、カルカッタの〈死を待つ人の家《ニルマル・ヒルダイ》〉で、死に行く人々や貧困者たちと一緒にすごしたボランティアの一人、ナイジェルの体験談を聞いてください。

〈死を待つ人の家〉にはじめてお手伝いに行ったとき、私はそこが好きになれませんでした。人々が苦しんでいるのに、自分が何もしてあげられないと感じたからです。「私はここで何をしているんだろう?」と考えました。

その後、私はイギリスに戻り、そのときの体験についてシスターの一人と長い時間話しあいました。私は、身振りで意思を伝える方法をすぐに覚えたので、飲み水がほしい人には飲み水を、便器がほしい人には便器を持ってきてあげることができたけれど、それ以外にはほとんど何もしなかった、とシスターに言いました。私はたいていだれかのベッドのわきに腰を下ろし、彼らの身体をさすったり、食事をさせたりしていたのです。ときにはお礼を言われたのでしょうが、それほど多くの人から言われたわけではありません。なんといっても、彼らは死にかけていたのですから。すると、シスターは私に、「それで、結局あなたはどうしていたの？」と尋ねました。私は「ただ、そこにいただけです」と答えました。すると彼女はこう言ったのです。「聖ヨハネや聖母マリアは、十字架の根元で何をしていましたか？」

貧しい人々を同情の目で見てはいませんか？　彼らは食べるものに飢えているだけではなく、人間として認められることにも飢えているのです。彼らは尊厳に飢え、私たちと同じように扱われることに飢えているのです。彼らは私たちの愛に飢えているのです。

すべての愛の行動は祈り

どれだけの活動をするかより、どれだけの愛をこめて活動をし、それをほかの人を分かちあうか、それが重要なのです。人を裁かないようにしなさい。もし、ほかの人を裁くなら、愛は与えられないでしょう。その代わりに、彼らが求めているものに気を配り、満足させようと努力し、彼らの手助けをするのです。たとえば、私が同性愛者についてどう思っているのかと質問する人がたくさんいます。私はいつも、自分は人を裁くことはできない、と答えています。ほかの人がどう行動してきたかは問題ではありません。あなたがその点について、神の目をもって行動してきたか、ということが重要なのです。

〈マザーハウス〉の聖堂の外側には、次のような文字が刻まれています。それはエドワード・ル・ジョリー神父が、一九七七年に私たちと話しあいをした後に書いたもので、私たちの仕事がどのようなものであるかについて、的確に表わしています。

「私たちは仕事のためにここにいるのではありません。イエスのためにここにいるのです。私たちがしていることはすべて、イエスのためなのです。私たちはまず最初に修道の身であって、ソーシャルワーカーでも、教師でも、医師や看護婦でもなく、ただ修道女にすぎないのです。私たちは貧しい人々のなかにいるイエスに仕えているのです。貧しい人々、見捨てられた人々、病気の人々、親のいない子どもたち、死にかけている人々のなかにいるイエスを、看護し、食事を与え、服を着せ、訪ね、励《はげ》ましているのです。私たちがしていることすべて——祈りも、仕事も、苦難さえも——はイエスのためなのです。私たちの生きかたには、それ以外の理由や動機はありません。これは人々には理解されにくいものかもしれません」

シスター・ドロリス、ブラザー・ジェフ、そしてボランティアのリンダが、行動における愛について述べた言葉を紹介しましょう。

シスター・ドロリス

西欧には孤独があふれています。寂しい人々が大勢いて、一緒に腰を下ろしたり、ただ一緒にいたり、微笑《ほほえ》みあったりするような人を求めています。多くの人が家族もなく、独りぼっちで、隔絶された場所に閉じこもっているのです。そこで私は、ニューヨークの〈家〉で働いていたとき、ちょっと変わった行事を開いてみました。同じ境遇にある仲間と知りあいになれるように、孤独な人々を親睦会に招き、一同に集めたのです。みんな、心からその集会を楽しみにしていました。それは彼らのための特別な日となりました——おいしい食事やケーキなども用意して——外へ出てほかの人と交流すること、ただそれだけで、彼らの人生に大きな楽しみがもたらされたのです。

スープキッチンでは、浮浪者にも食事を提供しています。彼らは食事のために集まるのですが、なかには一口も食べようとしない人もいます。そういった人々は、ただ平和で落ちついた雰囲気のなかにいたいから来るのです。そして普通、祈りを一緒に捧げて帰っていきます。スープを飲みたいという理由だけで来る人はほとんどいません。彼らは、自分が認められ、愛され、必要とされていると感じ、心のなかに何か平和なものを見いだせる場所に来たいのです。温かいふれあいこそ重要なのです。

ブラザー・ジェフ

西欧では、すべてが利益優先になりがちな傾向にあります。あらゆることが結果で判断され、私たちはもっと結果を出すためにと働くことに夢中になってしまいます。しかし、東洋では——とくにインドでは——人々は、あるがままでいることに満足し、みんなでバニャンの木の下に座り、一日の大半をおしゃべりをしてすごすこともあるのを私は知りました。私たち西洋人は、こういうことは時間の無駄だと思うことでしょう。しかし、そういうことにこそ意味があるのです。だれかと一緒にいて、時計もないところで、結果など気にせずに相手の話を聞くことで、私たちは愛について教えてもらうのです。愛の成功は、愛しつづけることのなかにあるのです——愛した結果にあるのではありません。もちろん、だれかを愛するときに、相手にとって最高でありたいと思うことは自然です。しかし、最高かどうかでその私たちがおこなったことの価値が決まるのではありません。愛の黙想的な要素について学ぶためには、結果を第一に考えるのをやめるべきなのです。奉仕という形で表現できる愛もあれば、黙想のなかにも愛があります。私たちが努力すべきなのは、その両方のバランスをとることです。愛は、そのバランスを見つけるための鍵なのです。

ボランティアのリンダ

カルカッタの〈孤児の家《シシュ・ババン》〉で子どもたちの世話をすることは、私にとって特別なことです。私がとても感動した体験をお話ししましょう。ある朝、私たちは丸くなって座り、歌ったり、遊んだりしていました。そうするうち、私は障害のある小さな男の子を抱きかかえました。すると、男の子はほんとうに喜んで私を見つめ――その瞳には愛があふれていました。彼はとても安らかな気持ちになったのでしょう。私は、このことを深い精神的な経験として覚えています。

ひたすら愛すること

私たちは愛のなかで成長するべきです。そのためにはひたすら愛しつづけ、与えつづけるべきなのです――イエスがそうなさったように。普通のことを、普通でないほど大きな愛をもってしなさい。病人やホームレスの人々の世話、孤独だったり望まれない人々に洗濯や掃除をしてあげる、というような小さなことに対しても。

犠牲を払うことになるのがわかっていても、あなたは与えなければなりません。それがなくてもあなたが生きていけるようなものを与えるのではなく、それがないと生きていけないとか、生きていたくなくなってしまうようなもの、あなたがほんとうに好きなものを与えなければなりません。そうすることによって、あなたの贈り物は捧げ物となり、神の前で価値を持つのです。愛のもとにおこなわれるものであれば、どんな捧げ物も意味のあるものとなるのです。

ひたすら与えること——つまり、この捧げ物——は「行動の愛」と呼ばれています。毎日私たちはこの愛を見ています——子どもにも、男にも、女にも。以前、道を歩いていたとき、一人の乞食が私のところにやってきて言いました。「マザー・テレサ、だれもがあなたに何かをさしあげていますが、私も同じようにあなたにさしあげたいのです。今日、一日中かけても、たった二十九パイサしかもらえなかったのですが、これをあなたにさしあげます」私は一瞬考えました。もし、私がそのお金をもらえば、彼は今晩なにも食べられないでしょう。でも、もし受け取らなかったなら、私は彼を傷つけてしまうことになります。そこで、私は手を出し、そのお金を受け取りました。私はそのとき彼が浮かべたほどの至福の表情を、他のだれの顔にも見たことがありません。その乞食、彼もまた、マザー・テレサに与えることができたのです。日がな一日炎天下に座りこんで、たった二十九パイサしか手にすることができない貧しい男にとっては、ほんとうに大きな捧げ物なのです。とても美しいことです。二十九パイサはとてもささやかな金額で、実際そのお金では何も買うことはできませんが、彼がそのお金を与え、私がそれを受け取ったときに、そのお金は何千倍の価値にもなったのです。なぜなら、そのお金にはほんとうにたくさんの愛がこめられていたから。

またある日、私はアメリカに住む小さな子どもから手紙を受け取りました。文字がとても大きな手書きだったので、かなり小さな子だとわかりました。「だいすきなマザー・テレサ、わたしのおこづかいをおくります」とあり、封筒のなかには三ドルの小切手が入っていました。

同じように、ロンドンにいるシスターの一人が話してくれたことですが、一人の女の子がペニー硬貨の入ったバッグを持ってキルバーンの〈マザーハウス〉にやってきて、こう言ったそうです。「これは貧しい人々のためのものです」。彼女は「これはマザー・テレサのためです」とも「〈神の愛の宣教者会〉のため」とも言いませんでした。彼女はそこからすぐ近くに住んでいて、以前から〈家〉

の住人を見ていたのでした――そして彼女はこう言ったそうです。「これは人々のためのものです」。シスターの話を聞いた私は、そのお金はすべての人間のためのものなのだと思いました。こうした人々は、何かを見て、引きつけられました。それが善だからです。

ある若いカップルが、最近ここで結婚式を挙げました。彼らは、簡素な式にしようと決めていました――新婦は質素な綿のサリーをまとい、新郎と新婦の両親からしかプレゼントを受け取りませんでした。そして、彼らは派手なヒンドゥー教式の披露宴を開かず、そのために浮いたお金をすべて、私たちに寄付したのです。彼らは貧しい人とともに、愛を分かちあったのです。このようなことはいつでも起こっています。私たち自身が貧しくなることで、傷つくまで愛することで、私たちの愛する能力はより深くなり、私たちはより美しくなり、より完全なものとなっていくのです。

ボランティアの一人であるサラが、サンフランシスコの〈家〉での体験をもとに、このような愛について語っています。

ひたすら愛することで私が気づいたのは、理解できない状況や人、どんなことでも愛するということです。こう言うのは簡単ですが、実践するのは難しいものです。しかし私たちが実践できる期間というのは限られています。〈家〉で暮らす人々と親しくなった結果、私はクリスという名の住人が亡くなったとき、とても辛い思いを味わいました。もう家に行きたくないとさえ思いました――実際、私は二、三週間行かなかったのです。朝起きて、家に向かう用意をするのですが、どうしても行けないのです。シスターたちは理解してくれました。それが彼女たちの、私への助けだったのでしょう。彼女たちから裁かれたり、非難されたりすることはありませんでした。シスターたちは言いました、「いいんですよ――またいつでも来ればいいんですから」と。クリスが亡くなって、喪に服していたとき、私はシスターの一人から言われました。「この家はここで死に行く人々のためのものです。ここで泣くのは自分勝手なことかもしれませんね。泣くというのは自分自身のことを思うからであって、彼らが今どこにいるか考えて、泣いているわけではないのですから——彼らは神と一緒にいるんですよ。私たちは彼らのために、幸せでいなければならないのです」

私は常勤のボランティアではないのですが、〈家〉で日々働く人々は、ひたすら愛するという愛について、もっと知っているにちがいないと思いました。もし、そういった環境のなかにいて、ずっと与えつづけていたならば、その人は愛するこつを身につけ、神のための精神的な力《ちから》となることでしょう。しかもフルタイムのボランティアになれば、神によって毎日が満たされることでしょう。生きていくうえで、愛をごまかすのはとても簡単なことです。病気になるまでは、だれもひたすら与えつづけるなどということを求める人はいないからです。

陽気な病人たち

〈神の愛の宣教者会〉の精神は、完全に神にしたがうこと、他人を信じ愛すること、そして、だれに対しても陽気でいることとです。喜びとともに苦難をも受け止めなければなりません。貧しい人生を明るく信じて生きなければなりません。そして、もっとも貧しい人の中にいるイエスの世話を陽気にしなければなりません。神は陽気に与える者を愛するのです。微笑みながら与えられたものこそ最高の贈り物なのです。もし、あなたが神に対してつねに「はい」と答える心づもりがあるなら、どんなことがあっても微笑んでいるようにしなさい。そうすれば神の恵みが受けられ、ひたすら与えつづけることができるでしょう。

二人のボランティア、サラとディブは、サンフランシスコとロンドンの〈家〉

での経験をこう語っています。

サラ

シスターたちのいちばん素晴らしいところは、何かやっかいな出来事があっても、いつでもユーモアの心を忘れずに対処することです。そして、何か間違いをしてしまったときには、すぐさまその過《あやま》ちを正し、仕事をつづけることです。しかし、シスターたちのなかには、とてもつらい人生を送ってきた人もいます。家族のために泣いている、というようなことを話してくれる人もいます。そんなシスターには何か問題を抱えていたり病気だったりする兄弟や姉妹、両親がいるのですが、この世界では、祈ること以外にはなにも手助けをすることができません。ですから、彼女たちは感きわまって、やはり泣いてしまうのです。シスターたちも人間なのです――神を愛し、人々を愛する一人の人間なのです。

デイブ

シスターたちと一緒に働いていて思いました。彼女たちは、見たそのままの存在なのです。私はキッチンで働いたり、床を磨いたり、食事を配ったり、スーパーマーケットへ買い出しに行ったり、あるいは人々を病院に連れて行ったりといった普通のことをする日常の中で、彼女たちと親しくしていました。シスターたちはいつでも陽気でした。歯を食いしばって元気を出しているのではなく、ほんとうに陽気なのです。

私は、外側ににじみ出たシスターたちの陽気さというのは、彼らが感じている心の内側の喜びの現われなのだと、確信しました。一緒に働いている人はだれでも、彼女たちが教会でひざまずいているとき、とても幸せな表情をしていることに気づいているでしょう。シスターたちが最高に幸せを感じるのは、祈りを捧げているときです――彼女たちはそのときをとても楽しみにしていますｃ祈り、すなわち自分を動かす燃料を補給したがっています。そして、うまく燃料が補給されたら、その受けたエネルギーをほかの人にも与えたいと熱望しています。それは異常なことなどではなく、自分にあるものをほかの人に分け与えたいという、純粋な喜ばしい欲望なのです。彼女たちにはほとんど持ちものはありません。彼女たちは、自分に与えられたものはなんでも、服でも、食べ物でも、お金でも、他の人に与えてしまいます。紙袋でも、ゴム輪でも、とにかく何でも、彼女たちは与えてしまうのです。入ってくるものは、すべて出ていってしまいます。

神はシスターたちにどれだけのものを与え、どれだけシスターたちのことを愛しているのでしょうか。私は彼女たちを愛しています。そして、彼女たちがどれだけ神を喜ばせているかを考えるだけで、彼女たちに引きつけられるのです。彼女たちのエネルギーは、神によって与えられたものです――それは、神の報いの愛であり、彼女たちが私たちに見せてくれるものなのです。

この愛はどのシスターにも備わっています。でも、彼女たちはクローンではないので、それぞれに独立した自己があり、個性がありますが。

初期のキリスト教徒たちの合言葉は「喜び」でした。ですから、喜んで主に仕えましょう。シスター・カテリがこのことについて意見を語ってくれました。

かつて、私はニューヨークにある脳性麻痺の人のための施設で働いており、毎日祈っていました。ある日、私はある人に「なにがそんなに幸せなのか?」と尋ねられました。だれか好きな人でもできたんじゃないかというようなことをほのめかしながら。しかし、それは正しくありません――私は神の愛を感じていたのですから。私は神との関係がどんどん強くなっているので、幸せを感じ、満たされていたのです。それで私は喜びでいっぱいになっていたのです。

喜びは愛、喜びは祈り、喜びは力です。神は喜んで与える者を愛します。もし、喜んで与えるならば、いつでももっと多くのものを得ることができるでしょう。喜びに満ちた心というのは、愛に燃えた心によってもたらされるものなのです。

愛に満ちた仕事は、いつでも喜びに満ちた仕事となります。幸せを追い求める必要はないのです。他人のために愛の心を持てば、それを与えられることにもなるでしょう。それは神からの贈り物なのです。

4 奉仕

愛の果実は奉仕である

カルカッタの〈孤児の家〉の壁には、こんな看板がかかっています。

考える時間を持ちなさい
祈る時間を持ちなさい
笑う時間を持ちなさい
それは力の源
それは地球でもっとも偉大な力

それは魂の音楽

遊ぶ時間を持ちなさい
愛し、愛される時間を持ちなさい
与える時間を持ちなさい

それは永遠につづく若さの秘密
それは神が与えてくれた特権
それは自分勝手になるには短すぎる一日

読書する時間を持ちなさい
親しくなるための時間を持ちなさい
働く時間を持ちなさい

それは知識のわき出る泉
それは幸福へつづく道
それは成功の価値
施しをする時間を持ちなさい
それは天国へと導く鍵

祈りの働きは愛であり、愛の働きは奉仕です。だれかがそのとき求めているものを、無条件に与えようと努めなさい。大切なのは何かをすることなのです（どんなに小さなことだっていいのです）。そして、あなたが相手を心配しているのだということを、あなたの時間を捧げることで示しなさい。ときには、医療的な援助をする必要があるかもしれません（私たちが病気の人や死を待つ人のための〈家〉でしているようなことです）。あるいは、自分の家に閉じこもっている人々のために精神的なサポートを申し出ることになるかもしれません（彼らは隔離され、独りぼっちなのです）。もし、病人に薬が必要なら、薬をあげなさい。慰めが必要なら、慰めてあげるのです。私たちはみな神の子なのですから、神からの贈り物をみんなで分かちあうことはとても大切なことなのです。なぜ、この世にさまざまな問題が存在するのかということについては、悩まないようにしなさい——ただ、人々の求めるものに応じればいいのです。私たちが貧しい人に施しをすることによって、その国の政府が社会福祉政策をおこなう責任が小さくなってしまうだろう、と言った人がいました。私はそんなことを問題にしているのではありません。なぜなら、政府は愛を与えることができないからです。私はただ自分ができることをしているだけ。その他のことなど私には関係のないことなのです。

神はたいへん情け深いかたです。愛の仕事は、神により近づく方法です。イエスがこの世の人生でなさったことをごらんなさい！　イエスはよいことをするためだけに人生を送ったのです。私は、あるシスターのことを思いだします。彼女はイエズス会での三年間を、病人やハンセン病者、子どもたちなどを癒すためにすごしました。それはまさに私たちがしているのと同じ、行動を通して神の福音を説くことでした。奉仕することは私たちの特権です。私たちは心からの奉仕をしようとしているのです。

私たちはこう考えます。私たちがしていることは大海のなかのほんの一滴にすぎないかもしれません。しかし、その一滴がなければ、海はその分小さくなってしまうのです。たとえば、私たちは、貧しい子どもたちが、勉強し、清潔にすることを教えるために学校を設立しました。もし学校を作らなかったなら、子どもたちは路上に置き去りにされていたかもしれないのです。

もし、私たちが世話をしている病人が、別の組織の病院や施設に行ったほうがもっとよい世話を受けられるとわかっている場合、状況によっては、そこへ行くことを勧めるかもしれません。しかし、私たちはもっとも貧しい人に仕えていますから、彼らが私たちを必要とするかぎり、その人を追い返してしまうことは決してしません。ブラザー・ジェフが、そのことを次のように述べています。

インドには、だれからも見放された人々がたくさんいるにもかかわらず、彼らの世話をしようという人に出会うことは、ごくまれにしかありません。私たち〈神の愛の宣教者会〉の施設は、すでにあらゆる人に拒絶されてしまった多くの病人たちの終着駅なのです。

行動（奉仕）における愛の果実をお分かりいただくには、まず〈神の愛の宣教者会〉の活動内容を紹介することが役立つのではないかと思います。そのあとで、私たちを助けてくれているボランティアたちの経験を分かちあうことにしましょう。ほんの小さなことであっても、何かをするということで、人生に影響を受けるのだということがわかるでしょう――恵まれない人々だけでなく、世話をしている人々にとっても。

今日、〈神の愛の宣教者会〉の仕事は多岐にわたっていますが、次のように分類することができます。

使徒としての仕事　日曜学校や聖書学習会を開いているほか、カトリック組織として病院、老人ホーム、刑務所などの訪問をしています。

医療介護　診療所、ハンセン病診療所、ハンセン病者のためのリハビリテーション・センターがあります。また、捨て子、心理的・精神的に障害のある子ども、病気だったり死にそうな貧困者、エイズ患者、結核患者は〈家〉に収容して治療しています。栄養失調の人のための施設や移動診療所もあります。

教育面での奉仕　スラムのなかにある小学校で教えているほか、洋裁教室、商業教室、工芸教室も開いています。また、幼稚園や学校を卒業した人のための教育プログラムもおこなっています。

社会的活動　子どもたちを対象とした福祉と教育の計画を進めています。託児所、ホームレスやアルコール中毒、ドラッグ中毒の人のための家、未婚の母の家、夜間の避難所、自然な家族計画センターなどがその一環です。

救済活動　食事と衣服を配布する施設があり、携帯糧食や調理された食事を配るほか、貧困者の家族のための緊急救援物資などを提供しています。

ティターガルの〈ハンセン病患者の家《ガンジー・プレム・ニバス》〉

今日のハンセン病患者は、きちんとした治療を受けることができれば、ふつうの生活を送ることができます。もはや人目にふれないところに閉じこもり、隠れている必要はまったくありません。もし、家族のだれかがハンセン病にかかっても、感染を恐れることなく、家族みんなで一緒に暮らすことができるのです。今では母子感染もなくなりました。

私たちがハンセン病患者のための移動診療所を開設することを決意したのは四十年以上も前のことです。最初はカルカッタ市内から数キロ離れたところにあるタイタガーラの木の下で開いたのです。私たちは患者を週に二回診《み》て、ほかの日は栄養失調に苦しむ人々の世話をし、病人の家を訪れました。土曜日には、私たちは患者たちの衣服の洗濯をしました。

今日、私たちは〈ハンセン病患者の家《ガンジー・プレム・ニバス》〉とよばれる素晴らしい施設を持っています。それはほとんど一つの村のようなものです。鉄道線路に沿って広がり、すべての建物は赤や青や緑といった、明るく元気の出る色に塗られています。作業場、寮、診療所、病棟、学校、各家族ごとの仮設住宅があります――独自の貯水池さえもあるのです。奥の中庭のなかには、ガンジーの像があります。

プレム・ニバスは、ハンセン病患者のために作られた施設です。彼らはそこに住み、仕事をしています。一九七四年に、私たちが施設を開くために土地を与えられた当時、そこは鉄道のごみ捨て場でした。私たちは簡素な藁《わら》屋根の小屋を建てることからはじめて、少しずつ、次第にとても美しい場所へと変えていったのです。

ブラザー・ビノドは、プレム・ニバスの運営の責任者です。彼に、今日のこの場所の状況を説明してもらいましょう。

ここでは、毎月約一千四百人のハンセン病患者が治療に訪れます。一九五八年以来、三万八千人が訪れたと記録されています。彼らの多くは治療を終えてここを去りましたが、今も治療を受けている人々は、あと二、三十年は生きるでしょう。ですから〈神の愛の宣教者会〉は、少なくともその期間は維持されなければならないのです。現在、ハンセン病は完全に制圧されているので、いずれ、見るからに重篤な人に出会うことはなくなるでしょう――インド政府の計画では、西暦二〇〇〇年までに、ハンセン病は撲滅される予定です。（二〇一四年のインドの年間感染者数は十二万五七八五人。WHOハンセン病データより）

ハンセン病では早期発見が大切なので、私たちのクリニックは不可欠です。この病気は身体の免疫システムに影響を与えます。感染力は非常に弱いので、極めて長い期間にわたって患者と接触しないかぎり、感染することはありません。しかも、免疫システムが強ければ、感染しないかもしれません。予防接種はありませんが、その人の免疫力がどのくらいかを測るテストをすることはできます。そして、もし病気にかかっているとしても、早いうちならば薬で完全に治療することができます。

ハンセン病は依然として、社会のより貧しい階級で見つかることがほとんどです。貧しい人々は教育を受けていないため、身体に症状が出てしまうまで、自分が病気に罹《かか》っていることに気づかないのです。手や脚や、そこにできた潰瘍の感覚がなくなったときにはダメージを完全に回復するには遅すぎますが、その時点でも、病状がそれ以上進行するのを止めることはできます。しかしながら、目に見える症状が現われたハンセン病の患者は、自暴自棄になり、彼らを拒絶する社会では生きたくないと思うようになるのです。ですから、私たちはここに彼らの居場所と仕事とを提供しています。ここに来た患者たちは、それほど長い時間かからずに、信仰や希望、自尊心を取り戻します。

施設の患者たちのなかに、それまで路上や駅で物乞いをして暮らしていた人々が数多くいるのは事実です。小さな子どもの患者もいます。彼らの親は「病気がよくなったら引き取りにきます」といつも言いますが、実際に引き取りにくる人はいません。ですから、ここはまた、そういった少年少女たちの家でもあるのです。彼らはここで成長し、普通に結婚し、仕事を習い、住む家をもらい、私たちと一緒に住むのです。

施設内のさまざまな仕事は、ほとんどすべて患者自身の手でおこなわれます――患者たちは、ほかの患者を着替えさせたり、注射をしたり、病棟のメンテナンスをしたりする訓練を受けています。彼らは仲間の苦しみや困難を理解しているので、私たちよりも上手にお世話できるのです。もちろん、ブラザーたちも介護訓練を受けています。彼らは准医療従事者であり、医者と一緒に患者を扱います。医者は週に一度外科手術をしていますが、ここでは、患者どうしのふれあいが、つねに最優先されているのです。

私たちは、ほとんど自給自足しています――自分の手で野菜を育て、あまったときには、ほかの〈家〉に回しています。魚の養殖もしていますし、小さな牧場で山羊などの動物も飼っています。また、シスターが着ているサリーは、手織りの仕事を担当する患者たちが織ったものです。このほかにも靴の修理、大工、技師など、患者たちはさまざまな仕事をこなしています。

カルカッタの〈孤児の家《シシュ・ババン》〉

カルカッタ市内にある〈孤児の家《シシュ・ババン》〉は、大通りに面した側は一枚の壁になっていますが、その内部はたくさんの建物に分かれています。入り口には、貧しい人々が子どもを連れてくる日中の診療所と、養子縁組の事務所があります。部屋のなかには乳幼児と小さな子どもたちが、何列にもきちんと並べられた緑色の子ども用ベッドに寝ています。子どもたちが走り回って遊べる小さな中庭のほか、ゲームをしたり食事をしたりできる部屋もあります。

〈孤児の家〉はシスター・カーマイン・ジョセが運営しています。彼女とそこで働くシスターたちは、一度に約三百人もの病気や栄養失調に苦しむ子どもたちの世話をし、同様に貧しい未婚の母親たちの世話もしています（仕事も提供しています）。

外来の診察室では三人の医師が働いており、毎週一千人から二千人もの患者の手当てをしています。子どもが十歳に達しても養子にならなかったときには、教育を受けさせるために寄宿学校に入学させます。その後は大学や、秘書養成コースなどに通わせ、仕事に就《つ》けるよう教育します。一人で生活できるようになったら、結婚相手を世話してやり、持参金も与えて新しい家庭へと送り出します。彼らの多くはとても幸せな生活を送っており、子どもが生まれると、よく里帰りをして赤ん坊の顔を見せてくれます。私はいつも彼らに言っています――あなたたちは一人ぼっちじゃなく、二十人もの母親に囲まれてとても幸せね、と。

〈孤児の家〉の一階には、毎日一千人以上もの人々の食事を作る厨房施設があります。ここにはたいてい、路上から集まってくる乞食たちがいます。彼らの多くは、一日に一度しか食事をとりません。ここは、彼らが確実に食事にありつける唯一の場所なのです。

予期せぬ災害が起きたときには、必要に応じて救援奉仕をします。たとえば、カルカッタ近郊の広い地域が洪水で流されたときには、一千二百世帯もの家族がすべての家財を失ってしまいました。〈孤児の家〉からシスターやブラザーたちが駆けつけ、必需品を配給し、避難所を設けて、一晩中働きました。

シスター・カーマイン・ジョセはこう述べています。

私たちは、道ばたで働く、路上の人です。私たちは歩いているときでも祈っています。そして、家庭訪問をするため、死に行く子どもたちと一緒にいるため、また、必要な人に薬を届けるために、歩き回っているのです。シスターたちは、貧しい人々が助けを求めていないかどうか見回るため、それぞれ一日に一つの通りを受け持っています。私たちはまた、病院のない近郊の村々へも出かけていきます。そこで医療センターを開いているのです。ときには一週間に二千五百人もの患者のお世話をすることもあります。

シスターの多くは看護の訓練を受けており、何人かは医師の資格を持っています。診療所には、子どもたちに職業訓練をする資格を持っている者もいます。私たちは虐待されたり、売春をしたりしているストリート・チルドレンのための学校も開いています。彼らはたいていの場合、だれの世話も受けず、食べ物もなく、病気でも薬も与えられない生活を送っています。私たちはそういう子どもたちを集め、教育し、食事を与え、服を着せます。そして、しばらく時間をかけて、彼らを学校に通わせ、教育を受けさせてくれる養い親を探すのです。

精神的に、または肉体的に障害を持つ子どもたちはここに残り、私たちがお世話をします。彼らの多くは、そう長くは生きられません。しかし、なかには十三歳まで生きのび、ほかの〈家〉に移っていった子どももいます。

〈死を待つ人の家《ニルマル・ヒルダイ》〉

〈死を待つ人の家《ニルマル・ヒルダイ》〉は、カルカッタ市内カリガット地区のこみ入った中心街の奥深くにあり、ヒンドゥー教のカーリー寺院と隣接して建っています。ここはそもそも、カーリー寺院に巡礼にきたヒンドゥー教徒の休息所だったのです。入って左手には男性用の病棟、右手には女性用の病棟があります。高く、細い窓から光線がさしこむ部屋には、何列にもきちんと並べられたベッドがぎっしり並べられ、青いビニールのマットレス・カバーがかけられています。両側には医療センターと浴場が、裏手にはキッチンと遺体安置所《モルグ》があります。ストリート・チルドレンのための学校はシスターたちが寝泊まりしている建物の屋上です。

男性は五十人分、女性は五十五人分のベッドがあり、必要に応じてこの数は増やすことができます。男性も女性も、死にそうになってこの施設に運びこまれてくるのですが、たいていの場合、はじめは自分では話をすることもできません。ですから、救急車で運ばれてきたり、シスターやブラザーに連れてこられる彼らは、最初、「身元不明」として記録されるのです。その後、お世話をし、愛し、食事を与えるうちに、彼らはしゃべれるようになり、自分の名前を告げます。シスターは、彼らの信仰している宗教が何かを知ろうとします——彼らがもし亡くなったときに、その人の宗教にあった埋葬をするためです。カトリック信者なら教会の墓地に、イスラム教徒ならイスラム教の埋葬場所に、ヒンドゥー教徒ならすぐ近くに流れている川の岸に降りる階段のところで火葬にするのです。私たちのところへやってくる人々の大多数はヒンドゥー教徒ですので、宗教がわからない死者はヒンドゥー教のやりかたで葬ります。

〈死を待つ人の家〉を運営しているシスター・ドロリスはこう言っています。

私たちはここへ来る人に「なぜ路上で暮らしていたの？」などと尋ねたりは決してしません。彼らの過去を知る必要がないからです。どのような状況にいたにせよ、私たちは彼らを裁くことはしません。彼らに必要なのは愛とお世話だけ。それで彼らは満たされるのです。私たちは、ここへやってきて休息する人々のお世話をするだけです。

運びこまれた人は、たいていまず風呂に入れますが、なかには病気があまりにもひどく、すぐにベッドに寝かせるしかないような人もいます。そういう場合には顔を洗ってやり、静脈点滴をします。ときには、壊疽《えそ》を起こしている人、傷口にうじがわいてしまっている人、慢性の下痢の人もいます。多くの人が結核に感染しており、なかには出血している場合もあります。そのようなときには、まず出血を止めることが何よりも先です。

ときには、ベッドに寝かせてすぐに患者が亡くなってしまうこともあります。また、立ったり歩き回ったりできるまで回復すると、元の家に帰ってしまう患者もいます。彼らが帰る「家」というのはたいていの場合、道路ですから、また病気になって戻ってくることも多いんです。私たちはいつでも彼らのためにベッドを空《あ》けて待っているからね、と言っています。

イギリスでの活動

シスター・テレジナはアメリカ生まれで、イギリスで修道院長をしています。彼女は、イギリスでの私たちの仕事がどのように増えていったか述べています。

ここで働きはじめたころ、私たちは大勢の年金生活者たちが閉じこめられ、助けを求めていることに気づきました。真冬でも暖房のないところで暮らしている老夫婦がたくさんいたので、私たちは彼らに暖房器具を差し入れました。また、いろいろな理由で家具もないところで暮らしている人たちもいました。ある人の理由はとても簡単なもので、そのことをだれに言ったらいいのかわからなかったのです――レンガの壁の向こう側には、だれかに遊びに来てほしいと切に願っている、孤独な人々がたくさんいるのです。

最初のころ、私たちはホームレスの人々とふれあうため、夜の道を歩きまわったものです。今では、彼らを遠足に連れていったり、特別な行事を企画したりしています――たとえば最近、三百二十人を六両の客車に乗せ、ワース・アビーに連れていきました。

現在、私たちはロンドンのキルバーンに男女それぞれのための避難所を設けています。またイングランド北部のリバプールにも男女それぞれの〈家〉を作ったほか、スープキッチンも開いています――同時に、家庭訪問や、子どもたちに信仰問答書を教える教室など、のどかな仕事もしています。

私たちは奉仕活動に出発するとき、かならずロザリオの祈りを捧げます―

―それは神の言葉であり、私たちの武器なのです。悪魔は人々の暮らしに影響を与えようとしますが、私たちはこの祈りで悪魔の誘いをはねのけ、イエスとマリアを人々の心にふれさせるのです。以前、ロンドンの地下鉄で、この祈りを捧げていたときのことを思い出します。イギリスの人々は公共の乗り物のなかではあまり大きな声を出しませんから、私は車両のなかで、とても小さな声で祈っていました。ところが、その列車が故障で停まってしまい、私たちはみなホームへ降りて、次の列車を待たねばなりませんでした。次の電車が到着したとき、私の隣に立っていた一人の女性が私にこう言いました。「シスター、どうぞ気づいてください。私はあなたとロザリオの祈りを分かちあい、ずっと一緒に祈りを捧げていたのですよ」。そう言われるまで、私はまったく気づきませんでした。話してみると、彼女はしばらく前まで時折、ブラービントン通りにある私たちの〈家〉に来ていたということがわかりました。私たちは普段、自分たちがしていることの実りを目にすることはないものですから、その出来事はとても励《はげ》みになりました。

一九九四年の三月にマザー・テレサはロンドンに来てくださって、男性用の〈家〉の二つの部屋をごらんになったとき、こうおっしゃいました。「ここはエイズ患者のためのものにしましょう」それまで私たちは、エイズ患者を受け入れることについて、考えたこともありませんでした。しかし、マザーはそのことをまさにおっしゃったのです――そのとき神の啓示を受けられたのだと思います。マザーがしばらくその部屋のなかに立ち尽くしておられ、そうおっしゃったときのお姿を思い出すと、そうだとしか思えないのです。そこで私はその啓示を現実のものとしました。それはたやすいことではありませんでした。現在、私たちは、アルコール依存症と薬物中毒を克服した一人のエイズ感染者の男性の力を借りながら、自活することのできない人々を受け入れています。

ブラザーの仕事

ブラザー・ジェフはオーストラリア人で、〈神の愛の宣教者会〉の男子修道会の創設者だったブラザー・アンドリューの跡を継ぎ、ブラザーたちの仕事を統括しています。

ロサンゼルスで私たちは、中南米からの不法移民の世話をするディイ・センターを作りました。彼らの多くは路上で生活していたのです。そこは週に三日開き、十四歳から十八歳の年齢の若者たちが約百人ほど、温かい食事やシャワー、医師の手当てや散髪などのためにやってきます——もちろん、リラックスするためにも。男性用ユニットには、身体的、精神的に障害を持った八人の男性が収容され、介護を受けています。いずれもロサンゼルスの路上で発見された人たちで、自暴自棄になっているので、だれかが注意をしてくれる安全な環境が必要だったのです。

日本の東京では、路上で暮らすアルコール中毒者たちのために働きました。それは常勤の仕事で、ときには喧嘩など、ちょっとした暴力ざたが起こったりもしました——私たちは暴力を〈家〉から追放するように努力しています。他の国と比較した場合、ほとんどの日本人のアルコール中毒者たちは、とても態度がよかったと言えるでしょう。ロサンゼルスではギャング少年たちを助けるため、彼らとともに働いているブラザーもいましたし、香港では麻薬常習者と一緒に働いている者もいました。私たちはもっと悲惨な場所でも働いています——コロンビアのボゴタやメデジンなどの都市では、まわりじゅうが暴力だらけです。私たちはたくさんの暴力を目撃するのですが、自分たちは巻きこまれないようにしています。もっとも、人々は私たちが何をしているのかを知っているので、たいていの場合、そこで困らされることはありません。

私たちの仕事は、貧しい人々のために働いているほかの組織とはかなり違っています。どちらがいいか、ということを言いたいのではありません――どちらでも良いことがおこなわれていると思うのです――しかし、私たち以外の組織では、多くの場合、貧しい人々を貧しくないところへ押し上げるための手助けをすることにもっとも力をそそいでいます。こういうこと、特に教育を通しておこなうことは、やりがいのある努力です。しかし、それは政治的な問題になります。〈神の愛の宣教者会〉が考える「ともに働く貧しい人々」とは、たとえ彼らのために何をしてあげても、相変わらずだれかに何らかの方法で頼らざるをえないような人々のことなのです。私たちは絶えず質問されます――「その人に魚をあげる代わりに、魚をとる方法を教えてはどうだろうか？」と。それに対する私たちの答えは、「貧しい人々には、釣り竿を持つ力さえないに違いない」ということです。ここに私たちの仕事に対する混乱と批判とがあると、私は思っています。というのも、私たちが考えている貧しい人々と、そのほかの人々が考えている貧しい人々との間には、大きな違いがあるからです。

社会全体を進歩させ、発展させることは、確かにやりがいのあることです。しかし、それは必ずしも私たちの貧しい人々が求めていることではありません。だれかが死にかけているときに、なぜ彼がこんなふうになってしまったのかと検討したり、こんなことを繰り返さないための福祉政策を全部リストアップしている時間はないのです。私たちが言っているのは、こういうことなのです――「ほかの人たちには、貧しい人々をこのような状態にしないための方策を考えてもらいましょう。その代わり、私たちは今このときに、人々が平和と尊厳の中で死ねるよう手助けをしましょう」。多くの場合、私たちが一人の貧しい人のお世話をする時間は、そう長くはありません。私たちはほかの組織の人々に「この人たちには助けがいるのです」というだけです——もっとも貧しい人々のために何ができるというのでしょう？　もし将来、政治的な変化が起きて、この状況を緩和することになるなら、私たちは歓迎します。しかし、私たちには時間もエネルギーもないのです。そのことについてもっと関わる才能もないのかもしれません。神は、英知を持って、すべてをうまく取りはからってくださいます。すべての状況に一人で対応することのできる人はいないということを、神はご存じなのです。ですから神はふさわしい人をふさわしい場所で働かせる啓示を与えるのです。そして、ほかの人たちはほかの場所で働かせるのです。

しなければならない仕事はたくさんある

私たちは世界中から、新しい〈家〉を開いてほしいとお願いされています。そして、その願いを実現するために働いています。私たちは現在、百カ国以上の国々で働いています——さまざまな場所にいるもっとも貧しい人々に、心をこめた無料の奉仕をすることができるのは、神の贈り物に違いありません。たとえば、エイズ患者のための家は、スペイン、ポルトガル、ブラジル、ホンジュラスにあります。アフリカでもエイズ救済活動をおこなっていますが、専用の目的を持った〈家〉はありません。ハイチも同様です。合衆国では、エイズ患者の家はニューヨーク、首都ワシントン、ボルティモア、ダラス、アトランタ、サンフランシスコなどにあります。私たちは今、インドで最初のエイズ患者のための家をボンベイ（現ムンバイ）に建設中です。

また、ワシントンでは孤児院を建設中で、近い将来中国に〈家〉を開きたいと希望しています。

私たちにはいつも、もっとしなければいけない仕事がありますが、次に紹介するシスター・ドロリスの話から、新たな〈家〉を開設するのがどんなに楽しいことかを読み取ってください。

一九六五年、マザー・テレサはベネズエラの大司教から、ココロットに〈家〉を建設してほしいと頼まれました。実現すれば、マザーがインド以外の場所ではじめて開く施設になるはずのもので、私はぜひ自分も協力したいと思っていました。でもマザーは正式の訓練を受けたシスターだけをお遣わしになりたいと思っており、私のような見習いのシスターを遣わせたいとは思っていらっしゃいませんでした。しかし、マザーはよく私たちに「自分から行きたいと思う人は」と尋ね、全員が手を上げることがあったのです。私はそのときデリーにいて、子どもたちの家で別のシスターのお手伝いをしていたのですが、そんな私にマザーとご一緒するチャンスが訪れたのです。マザーは私を脇に引き寄せてこうおっしゃいました。「神は、あなたにベネズエラに行ってほしがっています」

そこへ赴くのは神の思し召《おぼ め》しでしたから、私はとても幸せでした。そして、私たち一行は、一九六五年七月二十六日に到着しました。現在ベネズエラでは毎年その日、感謝のミサが開かれています。そして、〈家〉で暮らす貧しい人々にとって、特別のお祝いの日になっています。

私たちはベネズエラの言葉や習慣について何も知らず、最初は混乱しましたが、それは神が私たちに再び与えてくれた試練なのだと考えました。私たちは人々に喜びを与え、お返しに人々は言葉を教えてくれました。私たちには座ってゆっくり勉強する暇がなかったので、人々は私たちが間違った文法でしゃべるそばから訂正してくれました。ココロットはほんとうに素晴らしい布教区で、あれから何十年もたちましたが、そこに住む人々は今でも私のとてもとても大切な友人です。

一九八五年にニューヨークでエイズ患者のための最初の〈家〉を建設したさいには、オコーナー枢機卿から大きな協力をいただきました。私たちの最初の患者となったのはシンシン刑務所の受刑者たちで、彼らは以前は聖クレア病院、ベルビュー病院、マウント・サイナイ病院で治療を受けていて、私たちがそこに通っていたのです。その後、彼らの希望をかなえるかたちで、私たちは彼らを引き取ったのです。彼らはたいてい、社会から拒絶され、周囲にもだれもいない孤独な人間で、心のなかに大きな苦悩を抱えていました。私たちは、人生の最後の舞台を歩む彼らの精神的苦痛を少しでもやわらげるために、彼らに家族の心を芽生えさせようとしました——一緒に食事をしたり、話したり、祈ったり、ともに遊んだりしたのです。彼らの多くは、自分の家族からも遠ざけられていました。しかし、私たちとしばらく一緒にいることで、また、神の贈り物を通して、彼らはふたたび自分の家族との絆を持つようになりました。ある人は手紙を書き、ある人は電話をします。

こうした活動をつづけるうち、いずれ患者どうしで仲間の世話をしはじめるようになるかもしれません。それは見ていて美しい光景なのです。

力を得ること──単純な方法での行動

私たちの仕事はつねに必要とされており、〈家〉はいつでも満員です。貧しい人たちの問題が解決されないかぎり、私たちの仕事もつづくのです。しかし〈神の愛の宣教者会〉の者でなくとも、だれもが神のために素晴らしいことができるのです。自分たちの国にいる貧しい人々に手をさしのべてみてください。ほかの人を助けるのに躊躇《ちゅうちょ》はいりません。人間は、愛の仕事をし、神の愛によって満たされるのです。いつの日か、私たちが愛の行動を通して奉仕することは神のご意思なのです。そして、あなたの行動が必要とされていることを告げるものが、聖なる魂による啓示なのです。

ボランティアの存在なしには、私たちの仕事をつづけていくことは決してできません。彼らは、文化や宗教の異なるさまざまな国から、さまざまな理由をかかえてやってきますが、私たちが彼らに求めることは、ただ愛と時間とをほかの人々のために与えられることなのです。私たちは彼らを、〈マザーハウス〉に貼ってあるポスターの言葉で歓迎します。

「あなたは、足が不自由だったり、病気だったり、死にそうになっている人たちのなかにいるキリストに仕えるためにやってきたのです。私たちはその活動のなかに、神の愛を目撃する機会を与えられたことで、幸せに思い、感謝しています。私たちを通して働かせているのはキリストだということを忘れないでください――私たちは単なるその奉仕の道具にすぎないのです。私たちがどれだけたくさんの活動をするかではなく、私たちがその活動でどれだけ愛を捧げるか、なのです」

シスター・ドロリスは、ボランティアたちと一緒に働いた経験がたくさんあります。そんな彼女の体験談を紹介しましょう。

私たちと一緒に働きたいと思ってやってくるボランティアたちは、とても正直で、どんな仕事にも役立つ人々です――彼らは、神がみんなにどのようにあってほしいかを体現しているのです。彼らはほとんどの仕事を、マザー・テレサと〈神の愛の宣教者会〉の精神を身につけたシスターやブラザーに命じられるままにおこなうことになります。私たちのやりかたは非常にシンプルで、ほかの世界やほかの慈善団体とはまったく違っています。仕事を手伝おうとする人は、言われたとおりに行動することが求められます。たとえば、「この患者さんを病院に連れていきなさい」とか、「彼女は今お風呂に入れてあげるだけにしなさい」などと言われたら、ヘルパーたちはそうするだけです。とにかく、それ以外の規則はありません。男でも女でも、やってきた人は、一生懸命働いてくれます。

ロンドンのシスター・テレジナも、ボランティアが大きな役割を果たしていると考えています。

ボランティアたちが私たちを大いに助けてくれますし、私たちは奉仕活動をつづけるうえで、彼らをほんとうに頼りにしています——ほんとうなら、私たちはすべて自分たちでする用意がなければいけないのですが。

ボランティアの助けが必要なときには、私たちは祈り、彼らがやってこないときには、私たちは貧しい人々に助けを求めます。彼らは手伝いをしてとても満足してくれるのです。私たちはいつでも単純な方法を実践しています——料理を作り、それを配るだけ。それは、この奉仕と援助とをするかぎりつづくことで、ボランティアがきてくれれば、もっと効果的に実行することができます。

一人のボランティアが、奉仕活動をすることで自分が与えたことと与えられたことについて、次のように語っています。彼女の名はメリー、職業は医師で、しばらくの間、カリガットで私たちと一緒に働いていました。

「あのかたを連れていってお風呂に入れなさい」と言われた場面を想像してください。信じられないような特権です。あなたは自分がだれであるかを相手に話す必要もなく、ただ喜んで助けてあげればいいのですから――それであなたはどんな人か判断されるのです。

人々を貧しい人々と接触させることは、マザーのお仕事の一つです。それは貧しい人々のためだけでなく、私たちのためにもなるのです。私たちは貧富で区切られた巨大な境界線を横切ります。ここで私たちが接するのは、貧しいといわれる何百万人もの人々ではありません。実際に生身の人間と直接ふれあうことになるのです。

活動における愛について

さて、ここで、聖職者ではない何人かのボランティアたちに、彼らの経験について語ってもらいましょう。たとえば、貧しい人々への奉仕で何を感じたか、とか、自分たちのいる町のなかでどのようなことができると気づいたか、などについてです。

カルカッタにやってくるボランティアのほとんどは、病人や死にそうになっている人たちの世話をするか、〈孤児の家《シシュ・ババン》〉の子どもたちのお世話をします。彼らは自分の持っているものをとても寛大に分け与えてくれる、素晴らしい人々です。

貧しい人々を愛するという仕事を、神への接近を感じながらするために、彼らは多くの犠牲を払ってここへやってきます。ここにいることで、彼らは神に対する個人的な愛がほんとうに深まる機会を与えられているのです。

ドナ

私はスコットランドに住む看護婦で、休暇をとって旅行をしながらインドにやってきました。マザーの修道会のお手伝いをしようという思いがふと頭に閃《ひらめ》いたのは、シドニーで働いていたときでした。私はカトリック教徒ではありません――母は私をスコットランド長老派教徒として育てましたし、父は無神論者でした。私がインドへ行こうと決めたのは、映画『ガンジー』を見たからだと思います。私はインドの歴史やガンジーの哲学、彼が実践した無私無欲でつつましい生活に興味を持ちました。そして、ガンジーの哲学とマザー・テレサの活動の関連に興味をひかれたのでした。

私はカルカッタの〈孤児の家《シシュ・ババン》〉での仕事を与えられました。〈神の愛の宣教者会〉の施設は、質素で、平和な雰囲気にあふれていました。路上に騒音とゴミがあふれ返っているのと比べると、そこはまるで避難所のようでした。

　マザー・テレサのもとで働いて以来、私の人生において、たくさんのことが変わったといえるでしょう――あのような場所には、人生における大きな転機でもなければ、ほんの少しの時間でもとどまることはできないと思います。私はもう、どんなに貧しく汚れている人々を見ても、驚くことはありません。そして今では、貧しい人々に対して自分ができると感じたことを実践するようになってきました。私は自分の町に帰ったらホームレスの人々の世話をしたいと思っています。決してとぎれることのない信仰を抱いているシスターたちのそばにいることで、私はとても心地よく、この仕事をする力を与えられました――ご存じのように、彼らの喜びや信仰は、他の人に伝染するのです。マザー・テレサのもとでボランティアとして働いた人はだれでも、彼女からのメッセージを受け取り、それを遠くへ持ちかえるのです。自分の町で行動を起こすために。何かをすること、それがポイントです。カルカッタに来て、シスターがやっているようにしようと思わなくてもいいのですから。

リンダ

カルカッタに行きたいと思ったのは、私自身ではなかったような、そんな気がします。そこへ私を導いたのは、私自身のなかにいる別のだれかだったのではないでしょうか。確かに、あのときカルカッタに行くことがほんとうに正しいのだということは分かっていました。きっと、神の思し召しだったのでしょう。

私はインドへボランティアに来た多くの人々が、理性的に判断して決心したのだと考えていました。しかし実際には、彼らはもっと別の、もっと深いところで行動を開始したのです。ほかのボランティアと話してみると、彼らはみな、内なる声につき動かされてインドに来たのだとわかりました――彼らは、これこそ彼らのするべきことであるという声に導かれたのです。インドに来た当初、私は貧乏な人々や騒音、周囲の汚らしさに対してとてもナーバスになっていました。それに慣れるまでたっぷり一日は当惑して歩き回っていました。それから〈孤児の家〉で働きはじめたのです。最初のうちは午前中だけ働いていました。

最初の数日間は、私は完全に我を忘れていました――私は考えていました。「私はなんて素晴らしいんだろう。なんて素晴らしいことをしているんだろう。私は子どもたちにたくさん愛を与えているし、子どもたちは私に微笑みかけ、愛してくれる」と。私は自分が輝き、聖なるもののように思ってしまったのです！ でも、それから三日ほど後には、私は完璧に落ちこみました。ほんの短い間だけしかここにいないなんて、ずいぶんひどい人間だということに、突然気づいたのです。私は子どもたちと一緒に遊び、彼らを抱きあげ、世話をしていますが、あと何日かすれば、イギリスの小さいけれどすてきで居心地のいい家へ帰り、楽しい仕事と週ごとの賃金を得る生活へと戻って行くのです。私のやっていることは、いったん赤ちゃんにお菓子を与えておきながら、それを取り上げてしまうようなものだったのです。私は泣きはじめました。そのときまで、自分が良いことをしている素晴らしい人間だと思っていたのですが、それが間違いだったことに気づいたのです。私は自分のためにボランティアをしていただけで、彼らのためにしていたわけじゃなかった。私のなかの何かが助けられたいと思っていたから、私はボランティアをしていたのです。私は、癒しを求めていた自分のなかの何かを満足させようとしていただけだったのです。私は愛を必要としていたのです。

私よりもずっと長くボランティアをしていた人が私をなぐさめ、こう言いました。「あなたが子どもたちに与えた愛は、たとえどんなに小さくとも、あなたがここへ来なければ子どもたちには与えられなかったはずのものなのですよ。たくさんのボランティアが、少しずつ、子どもたちに愛を与えていくんですよ」

シスターたちはもっと多くのことを教えてくれました。彼女たちは信仰のために自分のすべてを捧げていて、自分のために何かをしようとはまったく考えません。彼女たちはまさに神の手のなかにあるのです。それはほんとうに美しい姿です。彼女たちのように何かに完全に身を捧げている人を見るのはほんとうに稀《まれ》なことです。彼女たちの姿が、私に影響を与えました。そして、福音書に記されているように、私は自分が与えたものより多くを受け取ったことに気づいて、カルカッタを去りました。ここは、神が働いていらっしゃる特別の場所であり、神の力がこの場所を動かしていると気づいたからなのです。

ジュディス

私はオーストラリアの大学にかよっていたころから、メルボルンにあるホームレスとアルコール中毒の男性たちのための〈家〉で、貧しい人々とともに働いていました。私はそこでの仕事がとても楽しくて、ほかの国でも福祉につながる仕事をしたいと思いはじめていました。この思いは私がオーストラリアを離れるときが来るまで、ずっと心の裏側に残っていたようです。私がカルカッタにやってきたのは、ロレット修道会の修道女の知人がいたからです。インドに来た当初、私は英語の教師になることを目指していました。しかし、ここでボランティアの集まりに参加するようになって、〈神の愛の宣教者会〉の常勤ボランティアになったのです。ここに来て六カ月になり、仕事の方法も好きになりました。私はカリガットの〈死を待つ人の家〉で働いています。毎朝八時になるとシスター・ドロリスがやってきて、その日最初の仕事である黙想が開かれます。私たちはそれぞれ五分から十分ほどの時間を与えられ、出来事を分かちあうために、自分の経験や考えについて話をさせられます。これは宗教的儀式ではなく、どんなことを話そうとも完全に自由です――というのも、あまりにもさまざまな種類の人々がやってきていて、みな違う見方を持っているからです。しかし、この時間を持つことは、活動の前には不可欠です。

ここで働くうえで大切なのは、以前訓練されたことを捨てること。ここは病院ではなく〈家〉だからです。とくに専門的な治療はおこなわれませんが、病人への気配りは行き届いています。経験することはたくさんあります。ときどき、疲労と苦痛のあまり、もろく、感情的になることもありました。仕事をはじめて数ヵ月後、私はそんな気持ちで一杯になってしまい、床擦《とこず》れになった女性のお世話をするといったきわめて簡単なことさえも上手にできなくなってしまいました。傷口に包帯を巻くことさえできなくなってしまったのです。私の感情はまったく空っぽになってしまい、三週間の休暇をとりました――シスターたちはボランティアである私たちに、休暇をとって自分自身のことも考えなさいと奨励《しょうれい》していました。彼女たちは、私たちの仕事がどんなにハードなものか、よくご存じだったからです。休みから復帰すると、私は三カ月間連続して働きつづけました。その三カ月は、私がここにいる間で最高のときでした。私は、自分が苦難を乗り越えられたことで、とても満足した気持ちになりました。なにしろ、カリガットはとんでもないところなのです。私たちは毎日、生と死に直面しているのです。

ここに来て以来、カトリック信者である私は、自分の信仰を新たにしました。ここでキリスト教徒は、自分が生きていることを精神的に実感します。それは信仰の問題というよりむしろ、何かが自分の内にあって、息づいているのを知ることにすぎないのです。一日中、まわりを死に取り囲まれ、私は女性たち（女性のボランティアは女性とともに働きます）に奉仕することで、尊厳の意味をあらためて知ったのです。ここへ来るまで、まるで動物のようにしか扱われなかった彼女たちは、ここで服を着せられ、食事を与えられ、はじめて人間らしく扱われるのです。そういった女性たちがだれかに看取《みと》られて死んでいくとともに、心をこめて彼女たちの世話をしている人々が清らかでありつづける様子を見たことは、私にとってとても重要な体験でした。死の尊厳は尋常なものではありません――これは〈死を待つ人の家〉ではとても大切なことなのです。

私はこれからも貧しい人々とともに働きつづけることでしょう。そうすることで、私は満足し、幸福になるのですから。私はここにいて、いままでよりずっと幸せなのです。以前ならそう思うことはなかったに違いありません。何かがここにはあるのです。私は過去においてどれほど不幸だったことかと、あとから気づいたのです――私がここで知りあいになったたくさんの人も、やはりこの感覚、この不安を抱き、それから自分たちが満足しているのだ、と改めて確信するようになったのです。

マイケル

妻のジェーンと私は、TRACKS（子どものための訓練の源と保護《トレーニング・リソーシーズ・アンド・ケア・フォア・キッズ》）という組織を二年前にスタートさせました。カルカッタのハウラ駅のプラットホームに住んでいる子どもたちが、何の保護も受けていないのを見て、その必要性を感じたからです。朝になると〈神の愛の宣教者会〉のブラザーたちがやってきて、あたりを見回り、いくらかの医療的なケアをしてくれるのですが、彼らがすべての問題に対処するのは無理だと思ったのです。たとえば、ときにはプラットホームの上に産み落とされ、そのまま捨てられている赤ん坊がいます。また、年長の少年たちが、自分より幼い少年や少女に性的な衝動を向けることもあります――それなのに、そういった幼い子どもたちを守るものは何もないのです。

この活動をはじめたとき、私たちは何も持っていませんでした。そこでマザー・テレサに何か提供してもらえないかとお願いしたところ、彼女は私たちが活動をつづけていけるよう、薬をくださったのです。今では、私たちのところの子どもがひどい病気になり、入院治療が必要になったとしても、〈孤児の家〉のシスターたちが受け入れてくれます。私たちは駅を活動の場としているのですが、そうした活動が気に入らない当局者によって、二度ほど逮捕されてしまいました。そこでマザー・テレサが駅の管理局に手紙を書いてくださいました。それ以来、私たちはずっと自由に駅構内で活動できるようになりました。

私たちの仕事は、一日に平均三十五人から四十人、年齢では一歳から十六歳の子どもたちの世話をすることです。常勤の医師と看護婦が一人ずつ、教師が二人いるほか、子どもたちに遊びを教えるスタッフや元軍医、いろいろな国から集まった三人のボランティアがいます。私たちは子どもたちに教育もしています——数学や地理などの基本的な学科をカバーし、社会状況のなかでどのように生きていくかについても教えています。これは正式な学校教育ではなく、子どもたちがここから普通の学校に行けるよう、訓練するものなのです。すべての教育は三つの言葉でしています。ヒンディー語、ベンガル語、そして英語です。

ペニー

私が知っているたくさんのボランティアたちと同じように、私もカルカッタに「偶然に」上陸してしまったのです。オーストラリアに行く途中、ただ立ち寄っただけだったんです。私はそのときに美容エステティシャンの仕事をしていました。ちょうど離婚したばかりで、古い友人が会いに来ないかと航空券を送ってきてくれたのです。私がYWCAに到着すると、さっそく〈神の愛の宣教者会〉のボランティア・コーディネーターに迎えられました。彼女は言いました。「私が、だれかに来てほしいと祈ったら、あなたがいらっしゃったんです」彼女は私に、スラムへ行って子どもたちを〈マザーハウス〉で開かれるクリスマスの聖劇に参加しないか誘うのを手伝ってくれないか、と言ったんです。でも、そのとき私、タイトスカートにハイヒールだったんですよ。そんなこと想像できます？

数日後、はじめてカリガットの〈死を待つ人の家〉へ行きました。私にとってはとてつもないショックでした――というのも、私はそれまで美容エステティシャンとして、だれもが美しく、こぎれいで、いい香りがするようにと努力してきたのですから。あるシスターが、わたしにこの女性の身体を洗ってさしあげてください、と頼んだとき、私はいやだと思ったんです。私にはできませんでした。私がただそこに立ち尽くしていると、シスターは私を呼び、こう言ったのです。「ペニー、お願い。彼女を連れてきて」私は泣いてしまい、自分にはできないと言いました。するとシスターは「いいですよ。私と一緒にいらっしゃい」と言いました。そして、彼女は小さな骨の固まりのような姿をした女性を抱きかかえると、お風呂に連れていったのです。今でも、そのときのことを思い出すと、私は泣いてしまいます――その部屋は薄暗く、私はすごく緊張していたのです。でも、突然、その部屋は明るくなったんです！　そして、ちょっと前までは「私にはできません」と言っていたのに、その瞬間、私には分かったのです――私にもできるんだ、と。

壁に掛かっている一枚の宗教画を見たことで、そんな気持ちが突然私を襲ったのです――その絵にはキリストの亡骸が描かれていました。〈死を待つ人の家〉にいる人はだれでも、キリストに違いないのです。そこにいるのはかさぶただらけの小さな老女ではなく、キリスト御自身なのです。自分がこの老女にしていることは、助けのいる誰に対してもできることなのだ、と私はそのとき悟ったのです。

私は六カ月そこにとどまり、カルカッタを離れるときに、マザー・テレサにこう申し上げました。「必ずここへ戻ってきます」――ところが彼女はこうおっしゃいました。「あなたは帰って来ないでしょう。あなたが住んでいる場所にも、しなければならないことはたくさんあるのですよ。何かが起こったら、神はあなたが何をすればいいのか、言ってくださることでしょう」と。そういえば、それまで私はいつも不満に思っていたことがありました。私は自分のお客さんたちを苦しめている精神的な問題に対して、何も手助けをしてあげることができなかったからです。女性は脱衣室で服を脱いだら、子どもに返り、解放された一人の人間になります。私たちはおしゃべりをし、彼女は私がどうやって扱えばいいのかわからないような問題をすべて、私に告白していくのです。私は、彼女がリラックスするのを助けることはできても、彼女を心の奥底で傷つけていることに対しては何も手助けをすることはできません。私はそのとき思ったんです。サイコセラピストになる訓練も受けてみよう、と。そして、私は実際にそうなりました。

今では、年配の人々と話しているときに、彼らが「自分は家に閉じこもっている」とか「自分を変えるには年をとりすぎている」などと言うと、こう反論しています。「とんでもない、私はそうは思わないわ。だって私は、まさしくそんな経験をしたんだもの——四十八歳にして、私は自分の人生を、根底からすっかり変えてしまったんですよ」

以上は、カルカッタで私たちのお手伝いをしてくださった人たちが、自分たちの経験について語ったものです。でも、もう一度言いますが、ほかの人に愛を与えるためには、インドに来る必要はないのですよ——あなたが住んでいる通りだって、あなたの〈死を待つ人の家《ニルマル・ヒルダイ》〉になりえるのです。あなたは自分の国で、貧しい人たちを助けることができるのですから。つづいて紹介するいくつかのストーリーは、そのことを示しています。

デイブ

ぼくが〈神の愛の宣教者会〉でボランティアをはじめたのは一九九四年のはじめ。テレビの前に座っていて、ルワンダとソマリアの悲惨な状況を見たあとのことでした。妻は出張でおらず、ほかに何もすることのない私は一人でテレビを見ていたんです。そのニュースを見て、私は思いました。「神よ、だれかがやらなければならない仕事がたくさんあるのですね。たくさんの場所で、たくさんの必要があるようです。だれかがそこへ行き、そこで何かをしなければいけないのですね」そうすると、自分がこう思っていることに気づきました。「こんなところにお前は座っている。自分で立ち上がらないなら、黙れ」と。それに対して自分で言ったのです。私には何も特別な技能はないけれど、この才能に欠けた自分でも、使ってくれる組織があるかどうか、見つけてみよう、と。そして私は最初に、ワシントンのカルメル修道会で働きはじめました。週に二晩、女性のための避難所《シェルター》の手伝いをしてすごすことになりました。そこは主に、麻薬中毒者、アルコール中毒者、売春歴のある女性、刑務所から出たばかりの女性などのための施設です。危険な場所でしたが、私はホームレスの人々からたくさんのことを学びました。私たちは彼らを他の星からやってきた人であるかのように見てしまう傾向があります。しゃがみこんで話しかけようなどと思う人はありません。それは、彼らは暴力的に違いないとか、精神的に不安定なのだろうと思いこんでいるからなのです。しかし、私の経験からいって、そういう人は少数です。ホームレスのほとんどは物静かでやさしい人々です。何かが間違ったために、彼らはホームレスになってしまったのでしょう。彼らは傷つきやすく、しかも危険な存在どころか、一般の人より危険にさらされている状態なのです。

マザー・テレサが数年前にワシントンにいらっしゃったとき、連邦議事堂で歓迎のレセプションが開かれました。ある議員が彼女に「マザー、あなたのなさった仕事は、ほんとうに素晴らしい」と言いました。それに対して彼女は「それは神の仕事です」と答えました。すると、その議員は言いました。

「しかし、インドでは、いまだに多くの問題があるそうですね。あなたはこれからも、うまくやっていけると思っているんですか？」。それに対して彼女はこう答えました。「議員さん、神は私たちに『うまくやる』ことを望んでいらっしゃるわけではないのです。神に『忠実である』ことだけを望まれているのです」彼女の答えは、私の心の奥に響きました。

その後、私たちはロンドンへ引っ越し、私は〈神の愛の宣教者会〉のシスターに紹介されたボランティアの仕事をしています。ロンドンは私にとってはじめての土地ですが、毎朝、私はここにいることに喜びを感じます――驚きましたが、それはほんとうのことでした。私は思っていました、「神よ、あなたに感謝します。ここで、この仕事をはじめさせてくださったことに」と。私はいつも一日の仕事をはじめるのがとても幸せでした。私がそれまでしていた仕事――安全で、賃金も高い仕事でしたが、いつも不平をかかえていたのです――とはまったく違っていました。ここで私がしている仕事は、私が心のなかで考えているものと矛盾しないのです。感情と思考と行動が衝突することがないのです。

ゲリー

世界を変えようと考えるのは、不可能なばかりでなく、傲慢《ごうまん》なのだと思います。もし、世界を変えたいのなら、あなたは自分自身を変えるしかありません。それは、私が家族にも仕事にも、そして自分の人生にもいつもしてきたやりかたです。自分を変えることで、私はもっとほかの人に近づいてふれることができるようになります。私はかつて体重が九十五キロもあるヘビースモーカーでしたが、自分を破壊するのをやめようと、毎日ランニングをして体重を減らし、より健康になったのです。

数年前のこと、私が走っていると、小さな虫がやってきて私の耳元でささやくのが聞こえました。「何か神のためにするべきだ」。私にはなにをすればいいのかさっぱり分かりませんでした。それから、私は自分の教会の広報に載っている記事を見つけました。そこには「サウス・ブロンクスの青年のための避難所《シェルター》で、修道士を手助けする若い男性求む」とありました。そこで、私は教会へ行きました。「シスター、私はシェルターを探しているんです」と言うと、シスターが答えました。「このすぐ近くよ」。彼女は明らかに、私が助けを求めているのだと思ったようです。避難所で働くシスターたちには、前日の夜からいる人々をまず受け入れるという規則があり、後から来た人々は、前夜から待っている人々の列が終わるまで待たなければなりません。私はその場に立って、希望を失い、家もない、麻薬中毒者やアルコール中毒者の様子を見ていました。それから教会の事務所へ行ってドアを開けると、こう言われたのです。「どうぞ、お待ちください」。私は(助けを求めてやってきた人だと思われたのだと)すべて了解して、待っていました──それから車に戻りました。少し肌寒かったからです。人々は外に立っており、その後三回ほど、まだ待っているように言われた後、私はさすがにイライラしました——もうなかに入るのはよそうかと思いました。寒さがしのびより、辺りは暗くなりました。私は呟いていました。「私は何のためにここに立っているのだろう?」。わたしは最後の一人になってしまいました。

とうとう、私はふたたび教会のベルを鳴らし、ドアを開けて言いました。「私はゲリーです。ボランティアに来ました」するとシスターたちは「おや、いらっしゃい。ずっと待っていましたよ!」と言いました。それで、彼女たちが私のことを待っていたのだと知りました。シスターの一人は言いました。「あなたは貧しい人とともに、寒さのなかにいたのです」。それから私は十三年間、週に二回、このドアのところにいるわけです。シェルターにやってくる人々に待つように言うときには、「少し辛抱してくださいね」と言います。私はそのときどんな気持ちになるのか、よく知っているからです。

現在、私は常勤ボランティアとして、シスターたちが、ニューメキシコのナバホ族自治区など、合衆国のさまざまな地域に新しい〈家〉を建てるのを手伝っています。ボランティアをはじめたばかりのころ、シェルターにやってくる酔っぱらいの男性の世話をしたときには、貧しい人々の悲惨な姿にイエスの姿を見いだすのはとても難しいことでした。しかし、私は努力しつづけ、見つづけ、このままおこないつづけなければいけないのだと気づきました。ここにいる貧しい人々というのは、カルカッタやメキシコの貧しい人々とは違うからです。ここでは、人々は、より精神的な飢えで苦しんでいます。アメリカでは、このことはモラルの腐敗と、貧しければ社会に適合できないという事実から来るものだと思います。だから、私たちがサウス・ブロンクスでしているようなことをするのです。しかし、ここにずっと住みこんでくれるボランティアがたくさん必要なのですが、なかなか見つけることはできません。ほとんどの人がこのエリアに住んでボランティアをするなんていやだと思うようなのです。

ケイトとケン

ケンの祖父母がインド出身なので、私たちは以前からインドを訪ねたいと思っていました。それも、普通の観光客のするような旅行ではなく、カルカッタで何日かシスターたちのために働こうと計画していました。というのも、私たちはここロンドンの〈神の愛の宣教者会〉でボランティアをしていましたから。

昨年、休暇でイスラエルへ行ったときには、イスラエル占領地区のナブラス（一九六七年からイスラエルの統治下だったが一九九五年にパレスチナ自治区となっている）を訪ねようと考えました。そこではシスターたちがとてもたいへんな状況の中で、子どもたちや、パレスチナ難民キャンプから来たお年寄りたちの世話をしていたからです。危険な地域だから行ってはいけないと忠告されました。でも、私たちはナブラスからほんの八十キロほど南にいたのですから、何もせずにエルサレムにとどまっていることなどできませんでした。私たちはナブラスの修道院にほんの少し物資を運び入れることしかできませんでしたが、それでもみんな私たちが危険のなかを訪問したことを喜んでくれました。

ナブラスの修道院には、五人のシスターと年老いたイタリア人司祭が住んでいます。彼らは非常な危険にさらされています——というのも、シスターたちが着ている青と白のサリーが、イスラエル国旗に似ているからです。かつてはイスラエル人入植者と間違えられ、パレスチナ人から石を投げられたこともあるようです。しかし今では、神父たちが何をしているかはだれもが知るところとなり、パレスチナ人も、障害を持つ子どもたちや、年をとった人々を連れてくるようになったそうです。

この仕事でシスターたちを助けるようになって、実にたくさんのことを学びました。そのうちの一つは、自分よりも、他の人の心の傷つきやすさを心配することで、自分自身はより傷つかなくなる、ということです。私たちはまず他の人々を助けることが必要で、どこにいても自分自身の恐れについて考えるような時間はないのです――そうすることで、より遠くを眺められるようになるのです。

ナイジェル

私がはじめてマザーにお会いしたのは一九六九年。私の通っていた学校の司祭が、彼女をお招きしたのです。司祭はローマで神学を学ばれたかたで、そこでシスターたちの仕事にも関わるようになったのです。当時、私は十三歳で、私の目にはマザーはどこにでもいる老女と変わりないように見えました。しかし、彼女がミサの後におっしゃった言葉は覚えています。その言葉で、その日がまったく違ってしまったように思えたのです。

その数年後、司祭は学生を集めて、イタリアへ行ってシスターたちとともに働く部隊を組織しました。一九七〇年代初期のイタリアにはまだ貧民街があり、子どもたちはすることもなく、悲惨な環境にいました。私たちは子どもたちのためにスポーツ活動を組織したりしました――子どもたちには重要な時間でした。

大学を卒業すると、私は社会のなかでも奉仕活動をつづけたいと考えました。そこで私はシスターたちとともに働くことを決意しました。それはとても豊かな経験でした――自分のやっていることの意味がわかりはじめるのに、二年ほどかかりましたが。私はとくに、シスターたちの楽しげな様子が気に入りました。彼女たちは近隣の人々とも大変うまくつきあっていました。

私はロンドンのキルバーンの施設でも働きました。そこでの生活は、まるで収容所のようでしたが、そこにはおおぜいの人たちがやってきました。ホームレスだけではなく、若い人や老人、さらに、そこで働きたいと思っているあらゆる種類の人々も。キルバーンには十四人の男性ホームレスを収容できるシェルターもあり、私は早朝の五時三十分になると、シスターたちとともに、そこの利用を呼びかけるお知らせの紙を配りながら、ハイウェーから側道に至るまで、よく見回りをしました。来たいと思った人はだれでも来ることができます。私はそれが気に入っています。

ここで働いている人たちは、過去に「アルコール中毒」や「麻薬中毒」のレッテルを貼られた人々ともすぐに親しくなります。ここでは、だれも彼らに何かを売りつけるようなことはしません。マザーはおっしゃいました。〈神の愛の宣教者会〉は世界中のすべての家で、無料で与えられたものを無料でさしだしているのだ、と。私にとってそれは素晴らしいことです。施設に泊まった多くの人が、「お金を支払わなければなりませんか？」あるいは「政府がお金を出しているのですか？」とよく質問してきます。彼らは、なぜ無料で宿泊できるのか不思議に思っているのです。だから、私たちは無料でもらったものなので、無料でさしだしているのだ、と答えるのです。

私は一時期、たくさんの家庭的な悩みを抱えていました。私の母は、精神の病である鬱《うつ》病と、肉体の病であるパーキンソン病の両方に冒され、八年間もの長く苦しい闘病生活を送らなければなりませんでした。頭の上にすべての重荷が一度にふってきたようでした。でも、母を入浴させようとしたあるとき、私は病に打ち勝ったと感じました。うまく説明できないのですが、母が弱っていく一方で、私はとても強くなっていたのです。私はキルバーンの〈家〉で、たくさんの人々のお世話をしてきた経験から、自分の家族の世話をするだけの強さを身につけていたのです。母がとうとう亡くなったとき、私は〈家〉に帰りました――顔なじみの男たちがそこで私を待っていてくれて、温かさと心地よさがあふれていました。

ボランティアをしたいとか、だれかのために何かをしたいと願う人々の大半は、それによって、やっかいごとに巻きこまれたくはないと思っています。これに対して、シスターたちは世界中のあらゆる場所に「家」を持っています。なかには政治的な闘争があったり、暴力の恐怖が満ちているところもあります。ボランティア志願者のなかには、「そこへは行きたくないんです——だって、安全じゃないでしょう」と言う人もいるでしょう。しかし、人のために何かをしたければ、とにかくそこへ行くべきなのです。現実に直面するべきです。〈神の愛の宣教者会〉を通してでも、そのほかの機関でも、あなたが見つけられるものなら何でもいいと思います。私たちのほとんどは、外へ出て、近所の家のドアを叩くのさえ恐れているのです——多くは近所の人の顔さえ知らないのですから。リスクを負いましょう。あなたが出かけていけば、だれかがやさしく手をさしのべてくれます。そして、たくさんの困難を体験することで、人は自分自身の問題を解決することができることを忘れてはいけません。だれかに手をさしのべようとするとき、とくに相手があなたの町にいる人なら、孤独を守ることは不可能です。かならず、持ちつ持たれつの関係になります——あなたは与え、一方で受け取るのです。

メリー

私はカリガットの〈死を待つ人の家〉でボランティアをしていました。そこではやってくる人々と、とても親しくなりました。奉仕をつうじて貧しい人々と実際にふれあい、西洋と東洋、文化、階級を分け隔てる巨大な壁を超えられるというのは、このうえない特権でした。ボランティアを終えてインドからロンドンに戻ったとき、私はとてもショックを受けました——あまりにも多くのものが人工的で、不毛で、組織化されたものであることに気づいたからです。そこで、決して楽なことではありませんでしたが、私はここに帰ってきて貧しい人々と接触しつづけました。たとえば、毎朝歩いて仕事に行くときには、ホームレスの住む陸橋を通っていくようにしました。ある日私は、だれかが魔法瓶とサンドイッチを会社に行く途中に置いておき、帰りに魔法瓶だけを回収しているのに気づきました。それで私は思いつきました。魔法瓶にオレンジを添えてあげよう、と——私は毎朝そうして、「こんにちは」と言うだけ。こうすることで、シスターたちと交わしたのと同じ、精神的な交流をしていると感じるのです――私は、国や文化を分け隔てる壁をそれほど感じなくなっています。マザー・テレサがおっしゃったように、「私たちは海に投げこまれた小石のようなもの。でも、さざ波を立てることはできる」のだと思います。小さなさざ波が一つの小さな奉仕活動につながっていき、それが多くのはじまりになるのだと思いませんか？

次に、ロサンゼルスのボランティアの一人が、修道会の一員として、どのようにブラザーたちの手助けをしたかを述べています――そして、修道会にくる以前はどのようだったかについても。前に登場した人たちと同様、彼女もまた、他人を助けることが、自分自身を助けることだと学んだと言っています。

ジェラルディーン

私はブラザーたちのお手伝いをしていて、忘れえない経験をしました。毎週土曜と日曜は、ブラザーたちと〈神の愛の宣教者会〉の協働者たちが、路上に暮らすホームレスたちのために食事の配給をする日です。その日、私は彼らの手伝いに行くと、ブラザー・ルカがバンを運転していました。私たちが裏通りに入ると、彼は言いました。「覚悟してください。ここは恐ろしい場所です。私たちが〈地獄ホテル〉と名付けているところです」そのホテルに着いたとき、私たちが見たのは生ゴミの山でした。最初、私たちには段ボールで作った小屋のなかに座っている女性が一人見えただけでした。あたりは生ゴミと尿の臭いで信じられないほど臭く、息が止まってしまうかと思ったほどです。この廃墟化したホテルに入って行くと、そこには中庭があり、そこもやはり生ゴミで一杯でした。私たちは食べ物と飲み物を持っていることを大声で叫びました。すると、ゆっくりとそこに住んでいる人々が姿を現わし、私たちのほうへ歩いてきたのです。彼らはとても貧しく、身体はやせ細り、病気で、おなかを空《す》かせ、ほんとうに地獄のようだと思いながらも、この場所で暮らすしかなかったのです。私は、彼らがこのビルから出てくるところを見て、ホラー映画の一場面を思い出してしまいました。まるで死んだ人がよみがえってきたみたいだったのです。しかし、私はその光景にも臭いにも、すべてに絶望した人々のうめき声にも、なんとか打ち勝ちました。

私がフルーツとサンドイッチを渡しているとき、マルガリータという名の女性が私のほうに近寄ってきました。彼女は病気で、のどを押さえていて、ほとんど話すことができませんでした。彼女は私に、どこか薬をくれる診療所を知らないかと聞いたのですが、私はもちろん知りませんでした。そこでブラザー・ルカのところに行って尋ねると、彼は路上の人々でも往診してくれそうな知りあいの医師を呼ぼうと言ってくれました。マルガリータは、そのホテルの反対側の木の下のマットレスの上に住んでいると言いました。私たちは助けに戻ってくると約束しました。バンに戻ってから、涙があふれ、私はそれを止めることができませんでした。私は絶望と失望感で泣きました。その光景は私がそれまで見た物のなかでもっとも悲惨なように思えました。

　その日の夜九時を回ってから、〈神の愛の宣教者会〉の協同者で、ロサンゼルスの病院で精神科医として働いているドクター・ビルが来てくれました。私たちはマルガリータを探すために、すぐに出発しました。彼女は〈地獄ホテル〉の外のマットレスの上で横になっていました。そのとき、彼女は四十度はあろうかという高熱を発していて、意識が混濁していました。こんな時間にこんな通りにいるなんて、私にとってはまったくはじめての体験でした。十メートルと離れていないところでは麻薬の密売がおこなわれていて、私たちはまるで秘密捜査をしているかのようでした。ドクター・ビルは他のホームレスの女性に、マルガリータの薬の飲みかたについて説明していました。彼がそうしている間に、私はマルガリータのところへ行くと、彼女がきつく身体を丸めて胎児のようなかっこうになり、身体全体を震わせていることに気づきました。彼女の周りには汚れた毛布しかなく、ハエがたかり、まるでアフリカの飢餓の映像のような光景でした。私は彼女の隣にひざまずき、彼女の腕を優しくなでました。私は三、四分ずっとそうしていました。すると、驚いたことに、私は彼女がリラックスしているのを感じたのです。彼女の身体はしだいに弛緩してきて、震えもじょじょに止まってきました。彼女は平和に満ち、静かな表情になりました。きっと彼女は、病気が重くなって売春をつづけられず、麻薬中毒者なのにクラックを買えなくなってしまったのでしょう。

そういった出来事を吸収して自分のものにするためには、ずいぶん時間がかかりました。私たちは神の癒しのエネルギーの伝達経路で、そのエネルギーをまた他の人に伝えることができるのだと、私は強く信じています。でも、この構造で、だれが癒されることになるのかは、私にはよくわかりません。

十八年間つづけた仕事をやめてロサンゼルスに来たとき、私はまるでばらばらに砕けたかのような気持ちでした。さまざまな問題が立ちふさがっていて、先が見えない不安感にさいなまれていたのです。マルガリータとの経験は、私にとってはとても意義深いものでした。私はそのときまでだれかのために長い間涙を流したことなどなかったからです。自分自身の苦しみのなかでもがきながら、〈地獄ホテル〉の明かりのなかで経験したことなど取るに足りないのだと思いこもうとしたこともあります。

私はほんとうにマルガリータに縁があると思います。次の日、私は彼女のもとを訪ね、チキンスープときれいな飲み水をさしだしました。彼女はゆっくり快方に向かっていて、私たちの援助に感謝していました。私は自分に尋ねました。なぜ、こうなっているのがマルガリータであって、私ではないのだろうか？　私の理解力では、この人生の不思議に対する答えは出ませんでした。しかし、私がやるべきことは、人生とライフスタイルとを切り開き、生きることとの不思議さについて語ることだと思うのです。

ピーター

十二歳のとき、私はグラディーズ・エイルウッドのフィルムを観ました。彼女はメイドで、お金もこれといった資格もなかったのですが、宣教師になろうと決意しました。彼女は戦争のただなかにあった中国へ行き、けわしい山を越えて二百人以上もの子どもたちを戦火から助け出しました。私は、自分もいつか、こんなことをやってみたいと思いました。

しかし十代になると、ほとんどのティーンエイジャーと同様、私も教会からすっかり遠ざかっていました。私はファッション業界で働きはじめ、七〇年代のパンク・ファッションの時代には、写真のモデルをしていました。奇妙な仕事でしたが、とても楽しい日々をすごしていました。

ある日、私は少しばかり心に平和がほしくなり、何かに導かれるまま教会に行きました。普通の礼拝だったのですが、そろそろ終わりというときに、司祭がマザー・テレサという名の女性と、彼女とともにいるシスターたちの話をはじめました。私は彼女について聞いたことがなかったので、もっと知りたいと思うようになりました。そこで私は〈神の愛の宣教者会〉のロンドンの家に行き、修道院長にお会いしました。彼女はこうおっしゃいました。「いつから働きたいのですか？　次の土曜日はいかがですか？」それ以来、私は十三年以上もシスターたちとともに働き、私はシスターたちをほんとうの姉妹のように思っています——私は彼女たちのためならなんでもします。私は何かを探していたのでしょう。何か人の役に立つことができるような場所を捜し求めていたのでしょう。スープキッチンでシスターたちと一緒に働いたり、夜間の奉仕活動で路上に暮らす人々と話をしているとき、私は、自分がしていることが、自分にとっての正義だと思うのです。

　私の価値観は完璧に変わりました。私はしばらく考えてから決めました——収入は以前の四分の一になると分かっていても、人々のお世話をする仕事をしよう、と。現在、私はロンドンのがんセンターで働いています。雑役係として、手術室のなかに人を入れたり、出したりするのが主な仕事です。ときどき、とんでもなく文句を言いたくなるような出来事にあっても、ちっとも不満をもらさない人に出会います――その人にはそういう勇気があるのです。またときには、見知らぬ人が私のところにやってきて、「大切な人を亡くした」といった打ち明け話をしていったりもします。まるでカウンセリングのようなのですが、これはごく自然にそうなっているのです。

病院の人々は私が〈神の愛の宣教者会〉で活動していることを知っていて、親切にもカルカッタに薬の供給をしてくれます。私は自分の給料からできるかぎりのお金を送って、何人かの子どもたちのスポンサーになっています。ウォルト・ディズニー社はたくさんの物を送ってくれます――おもちゃやバッジなどを〈孤児の家〉の子どもたちに送っています。

ボランティア体験をとおして、私は結局、所有しているものが少なければ少ないほど、より幸せなのだということを教えられたと思っています。シスターたちのような単純な生きる道を見つけたときに、あなたも人生を根底から覆すことができるでしょう。私は、単純な方法こそ、神に近づくもっとも簡単な方法だと信じています。

私は、必要とされる場所で奉仕をしているほかの組織の話を聞くと、いつも幸せな気持ちになります。若いヒンドゥー教徒の男性のグループが、ある日私のところにやってきて、〈HOPE〉という名の組織を結成することに決めたと言いました。その目的は、まさに希望を失った人々を助けることにあるのだそうです。彼らはお金を出しあって市場へ行き、囚人たちのために七十個のマットレスを買いました。彼らはこの贈り物をするために、自分たちのお金を捧げ物にしました。そして、この贈り物がどこかからのものであるかは、だれにも言わないことでしょう。

次の祈りは私が大好きなものです。私は共労者やボランティアにこの祈りを捧げ、彼らが他の人のために奉仕するのを導き、助けるために、祈ります。

主よ、私たちがどこへ行こうともあなたの香りを広めることができるよう、
私たちをお助けください。
私たちの魂をあなたの霊と命とであふれさせてください。
私たちの存在を貫き、支配してください。
完全なまでに、
あなたのものとなった私たちの命が、あなた自身の輝きとなり、
私たちを通して輝き、私たちのなかに宿り、
私たちに触れるすべての魂が、私たちの心のなかに
あなたの存在を感じることができますように。
人々が、私たちではなく、

主よ、ただあなただけを見ますように！
私たちとともにいてください、あなたの輝きで私たちが輝きはじめられるために。
他の人のためにともす光となるために。
光は、おお、主よ、すべてあなたからくるもの。
私たちからのものではありません。
私たちを通して他の人を照らしている、光はあなた自身に違いありません。
私たちの周りのものすべてを輝かすという、
あなたがもっとも愛するその方法で、
あなたを讃えさせてください。
言葉ではなく行動で、説教をすることなく、
あなたのことを伝えられますように。
私たちのすることで力を得た人々、共感を抱いた人々によって、

愛に満たされた私たちの心が、
あなたのところに導かれますように。
（ニューマン枢機卿の祈り）

主よ、私を価値のあるものとしてください。世界中にいる私たちの仲間に奉仕するために。貧しさと飢えのなかに生まれ、死に行く仲間たちのために。

私たちの手を通して彼らにお与えください。

彼らに今日の日のパンを。

そして私たちが愛を理解することで、平和と喜びをお与えください。

（ローマ教皇パウロ六世の祈り）

5 平和

奉仕の果実は平和である

愛の仕事はつねに、平和の仕事でもあります。ほかの人と愛を分かちあうたび、あなたは自分自身と、分け与えられた人の両方の心に、平和がおとずれることに気づくでしょう。平和のあるところには、神がいらっしゃるのです――神は私たちの心に平和と喜びを注ぎこむことで、私たちの命にふれられ、愛をお示しになっているのです。

死から生へ、
偽りから真実へとお導きください

絶望から希望へ、
恐怖から信頼へとお導きください
憎しみから愛へ、
戦争から平和へとお導きください
私たちのこころを、
私たちの世界を、宇宙を平和で満たしてください
平和で、平和で、平和で

世界各地にある数多くの〈家〉は、「愛の贈り物」とか「平和の贈り物」などと呼ばれています。神と神の恵みに対する私たちの感謝の気持ちの表われです。私たちは世界中の〈家〉を、貧しい人々が安心していられる場所にと、捧げてきました。けれども、私たちの仕事を完全なものとすることができるのは、神だけです。シスター・ドロリスとブラザー・ジェフは、次のように述べています。

シスター・ドロリス
〈死を待つ人の家《ニルマル・ヒルダイ》〉にやってくる人はだれでも、肉体の癒しと魂の癒しの両方を必要としています。私たちは彼らとふれあい、なぐさめ、励《はげ》ますことで肉体を癒すことはできますが、魂を癒すためには、彼らの心を神に向けなければなりません。自分の強さと弱さを知り、主を受け入れるのです。人間はだれもが過去の傷を引きずっていて、それをすべて癒せるのは神だけだからです。とても簡単なことです。神を受け入れれば、神は内面的な癒し、魂の癒しへと導いてくださるのです。そして私たちは自分の命をより尊くし、神はもっとお喜びになるでしょう。

ブラザー・ジェフ
もし私たちが一人の病人を助けようと考え、すべての心血をそこに注ぎこんだとします。私たちがそうする動機は彼への愛なのですから、それゆえ肉体的な効果ばかりでなく、同時に精神的な効果もあがるはずです。

肉体的な治療にあたっては、まず病人を診察し、どのくらい薬が必要なのかを決めるという、論理的で合理的なステップを踏みます。一方、精神的な治療では、心のなかで起こることはなんでも起こるままにします。あなたが病人により深い愛を与えれば与えるほど、その病人の魂にもあなた自身の魂にも、何らかの変化が起こるでしょう。期待することなく、神のなさるがままにすることで、何かが起こるのです。実際、私はこういった魂の変化を体験した人々を知っています。彼らはさまざまな方法で、自分に向けられた神の愛をはっきりと自覚したことについて表現しようとします。それは言葉にできないようなことかもしれませんが、彼らの行動を見れば明らかです――彼らは平和な心を手に入れているのです。たとえば、障害を持った人々のなかには、自己破壊的な人も数多くいて、頭を壁に打ちつけたり、自分の着衣やマットレスを引き裂いたりすることがあります。しかし、ほんの少し気を配ってあげたり、優しく接してあげるだけで、彼らには目に見える変化が現われます。私たちは、彼らの心の内側で何が起こっているのかを知ることはできません。しかし、何らかの癒しが、彼らの心の奥底で起こっていることはわかります。

このような魂の癒しは、私たちとともに働いている多くの人々にも影響を与えているようです――癒す人と癒される人とが、神の平和を分かちあうようになるのです。ボランティアの一人であるサラは、アメリカにあるエイズ患者のための家で働いています。彼女は自分の体験をもとに意見を語ってくれました。それが、どれだけ彼女に影響を与えたのでしょうか。

人々は、最後の結末は死ぬことだと知りながら、休息できる平和な場所を求めてこの家にやってきます。彼らはここで、自分にふさわしいさまざまな方法で、神についての理解を深めていきます――たとえ彼らが、神についてそれほど知りたいと思っていなくとも。ここには、輪廻《りんね》を信じている人も、信じていない人もやってきます。私たちはこの世と来世とを比較しながら、神と来世について彼らと長い時間をかけて話しあいます。私が話をした人はみな神を信じていました。時折、とくに死に近づいたとき、シスターの信仰を受け入れ、洗礼を受けたいと頼む人もいます。しかし、彼らは強要されてそうするのではありません。

ここで働いたことで、私は、自分の人生を遠くから眺めることができるようになり、うまくバランスがとれるようになったと思います。会社勤めをしているとき、私はいわゆる「現実の」世界にいました。しかし、週に一回〈神の愛の宣教者会〉でボランティアをするようになって、私は、ここがまさしく現実の世界にほかならないことを知ったのです。

〈家〉は華やかな場所でも美しい場所でもありませんが、死に行く人々は、ここで生まれ変わってほんとうの人間として生きるのです。オフィス街の人々はいきいきしていましたが、彼らはほんとうの意味ではまったく「生きていない」と、私は思いました。

〈家〉で働くことで、私はこの世で何が大切なのか学び、この人生の後にもきっと次の人生があるに違いないと思うようになりました。私が知っているおおぜいの人々は、来世のことなどこれっぽっちも考えずに暮らしています。神は私に教えてくださいました——神はすべての人を愛してくださっているのですから、ほかの人を裁くことができる人間などいないのだ、ということを。私の人生は、〈神の愛の宣教者会〉のシスターたちとともにボランティアをしたことで、より深まり、豊かになり、肉体と魂のバランスが取れるようになりました。私は平和を見つけたのです。

シスター・ドロリスが、死に行く人々とともに働いた経験から得た、神の平和について語っています。

エイズ患者の家にやってくる人は多くの場合、絶望でいっぱいになっています。しかし、シスターやボランティアたちの優しい介護を受けると、彼らは自分の心が平和で満たされていくのを感じるようです。私たちのところへ来るのは、彼らにとっては里帰りのようなもの。多くの人が「ここは自分が最後に暮らす場所、私が存在する最後の場所になるでしょう」と言います。私は彼らにいつもこう言うのです。「いいえ、ここは最後の場所ではないんですよ。あなたはここから、ほんとうの家に帰らなければならないのです。そこには天の御父がお待ちになっていらっしゃるのです」。そうすると、多くの人は天国へ行くことを願うようになります。

人生の最後の瞬間、人がこの世を離れて行くときは、すべてが平和にあふれています。私たちはみな、いつかそのときを通過しなければならないことを忘れてはいけません。私は、自分もこのように美しく、平和にあふれた場所へ行くことを願っています。私たちはみな神のもとへと帰っていくことになっているのです――私たちは神のもとから来て、神のもとへと帰っていくのです。ですから、他の人の最後の瞬間を見守ることで、私たち自身が救われるのです。

シスター・テレジナは、ロンドンの家を訪ねてきた男の人のことを手紙に書いてきました。

彼は私たちのところへやってきて、私たちとともに働いたことで、それまで買うこともできず、自らの心のなかに見つけることもできなかったものを手に入れたと言いました――それは魂の平和です。彼は大きな富を築いたのですが、ほんの少しの平和も手に入れることができなかったのだそうです。

自分自身を忘れることで、自分自身に気づく

私たちには、みな幸せで平和に暮らす権利があります。私たちはそのために創られたのです——幸せになるために生まれてきたのです。そして、神を愛するようになったときにだけ、私たちは真の幸福と平和を見いだすことができるのです。神を愛することで喜びを感じ、大きな幸せを感じるのです。とくに西欧では多くの人々が、お金を持つことで幸せになれるのだ、と考えています。しかし、私はこう思うのです。もし富を得たなら、幸福になることは、より難しくなるだろう、と。なぜなら、富を得ると、神を見つめることが難しくなるからです。富を得ると、他に考えることが多くなりすぎてしまうからです。しかし、もし神があなた

に富という贈り物をされたなら、浪費したりせず、それを神の御意思にしたがって使いなさい――他人を助けたり、貧しい人々を援助したり、仕事を作ってほかの人々に仕事を与えなさい。食べ物や家、尊厳、自由、健康、教育といったものはすべて神の贈り物なのです。ですから、私たちは自分よりも少しこういったものに欠けているほかの人々を助けてあげなければなりません。

イエスはこうおっしゃいました。「わたしの兄弟であるこのもっとも小さい者の一人にしたのは、わたしにしてくれたことなのである」と。ですから、間違ったことをしたり、自分勝手だったり、慈悲の心を持ちあわせなかったりして、御父を傷つけてしまうことが、私の唯一の悲しみなのです。貧しい人々を傷つけたり、互いに傷つけあうことは、神をも傷つけていることになるのです。

与え、奪うのはすべて神のみがなさることとです。ですから、与えられたもの、自分のところにあるものを自分自身を含めてほかの人々に分け与えなさい。

次の詩は、サンフランシスコのエイズ患者の家の住人の一人が、分かちあうこと、そして友愛の喜びについて書いたものです。

友達がいれば、私は恐れない。
神々と人とがいかに私を傷つけ、打ちのめしても。
神の言葉は、夜空を旅する星たちにさえ影響する。
私は彼を静かにたたえよう。
友達がいれば、黄金など要らない。
彼を喜ばせるための最高の贈り物も要らない。
でも、彼と一緒に座って、手を握っていてほしい。
富というのは、莫大な財産を譲ることなのだろうかと、私は考える。
友達がいれば、私はただ芸術を求める。
真っ白な枠には、私の足跡を探すために
脈打つ心からのゆがんだ文字で、

美への讃歌が刻まれている。
生まれて以来ずっと捜し求めているのだけれど、
ここにあるのはみなこの世で学んだもの
それは、私が知っている贈り物――
敵を受け入れるよう忠告しよう。
気ままな真実は、すべて私が見つけたもの
ささくれだったぎざぎざのように私の心に突き刺さる
泡を溶かし、古い手紙を燃やし、
若者は言った。「友情について話してくれ」
彼は答えて言った。
「あなたの友は、あなたの求めに応じてくれる人」
彼はあなたが愛の種をまくための野原
そしてあなたはそこから感謝の言葉という収穫を得る

彼はあなたの食卓、そしてあなたの囲む囲炉裏《いろり》
あなたが彼に平和を求めながら
飢えてやってくるときのためにある

今この瞬間、幸せでいましょう。それで十分です。その瞬間、瞬間が、私たちの求めているものすべてであって、他には何もいらないのです。今、幸せであるようにつとめましょう。ほかの人を――あなたよりも貧しい人々も含めて――愛しているのだということを行動によって示すことで、彼らを幸せにすることができるのです。たくさんのものが必要なわけではありません――ただ、微笑みかけてあげるだけでいいのです。だれもが微笑むようになれば、世界はもっと素晴らしい場所になるでしょう。ですから、笑って、元気を出して、喜びなさい。神はあなたを愛しているのですから。

さて、次に紹介するのは、アッシジの聖フランシスコが書いた平和の祈りです。

私たちはこれを毎日声に出して唱えます。この祈りは、私たちが開かれた、清らかな心でもって自分自身を他人にさしだすことでどのように命の平和を創造することができるのかを、思い起こさせてくれるのです。

わたしをあなたの平和の道具としてお使いください。
憎しみのあるところに愛を、
いさかいのあるところにゆるしを、
分裂のあるところに一致を、疑惑のあるところに信仰を
誤っているところに真理を、絶望のあるところに希望を
闇に光を、悲しみのあるところに喜びを
もたらすものとしてください。
慰められるよりは慰めることを、
理解されることよりは理解することを、

愛されるよりは愛することを、わたしが求めますように。
わたしたちは、与えるから受け、ゆるすからゆるされ、
自分を捨てて死に、永遠のいのちをいただくのですから。

ここで、三人のボランティアの言葉を紹介します。彼らは貧しい人々を助けることで、喜びと平和を見いだしたのです。

デイブ

ここロンドンで働くようになって以来、私は自分が与えるよりもずっと多くのものを与えられるようになりました。仕事には喜びがあります——とはいえ、大笑いするような出来事がしょっちゅうある、と言っているのではありません。喜びには、かならずシリアスな面もあるからです。私が味わっているのは、陽気で、何気ないと同時に奥深く、平和に満ちた喜びなのです。

それは、子どもが生まれるときに親たちが味わったり、結婚する日に感じるものに似ています。私はここにいて幸せだし楽しいのですが、一方で重く受け止めています――仕事は厳粛なものですから――でも、そんなことについて悩んでいるわけではありません。私は他人のために仕事をすることによって、以前よりずっと物静かで平静な心を手に入れたからです。

ジョン

カリガットの〈死を待つ人の家〉で働いたことは、人生を変えてしまうような経験でした。はじめは一日だけ行こうと考えていたのですが、一度行ってみると、一カ月間毎日働きたいと思いました。毎日、午後になって仕事が終わって休んでいると、まるで天国にいるような気持ちになることに気づいたのです。シスターたちがどのように感じながら毎日働いているのかについては私はわかりませんが、私自身は、自分にとって役に立つ世の中のほかの面を知ることができたのです。〈死を待つ人の家〉での仕事は、ありふれた感情を超越したある意義を与えてくれるのです——どうやって表現したらいいのかわからないのですが、それはほんとうに平和そのものなのです。とてつもない平和が、毎日毎日私を襲うのです。

ルパート

私は〈神の愛の宣教者会〉で働く機会を得て以来、満ち足りた人間になったと思っています。

だれもが平等で、ほかの人よりもすぐれている人などいない——これは私が、いろいろな立場の人々とふれあった体験から学んだものです。私たちは他者に与えれば与えるほど、与えられるのです。そして私たちが与え、愛し、だれかを助けることによって、世界にはより多くのものがもたらされるのです。それは、私たちがみずからの小さな歩みから知っているものよりずっと大きなものです。それは世界中の人々が、共感のような気持ちを抱くようなものです。

最後に、平和へのメッセージを一つ、贈りましょう——神があなたたち一人ひとりを愛するように、お互いに愛しあうようにしなさい。イエスは私たちに福音を伝えるためにやってきました。神は私たちを愛しておられ、私たちがお互いに愛しあうことを望んでおられる、というものです。死んで再び神の家へ行くときが来れば、私たちは神の声を聞くことでしょう。神はこうおっしゃることでしょう。「天地創造のときからお前たちのために用意されている国を受け継ぎなさい。お前たちは、わたしが飢えていたときに食べさせ、裸のときに着せ、病気のときに見舞ってくれたからだ。このもっとも小さい者の一人にしたのは、わたしにしてくれたことなのである」

神の御恵みがありますように

――マザー・テレサ

それでも

人々は、理性を失い、非論理的で自己中心的です。
　それでも彼らを愛しなさい
もし、いいことをすれば、人々は自分勝手だとか
何か隠された動機があるはずだ、と非難します。
　それでもいい行いをしなさい
もしあなたが成功すれば、不実な友と、
ほんとうの敵を得てしまうことでしょう。
　それでも成功しなさい
あなたがしたいい行いは、明日には忘れられます。

それでもいい行いをしなさい
誠実さと親しみやすさはあなたを容易に傷つけます。
それでも、誠実で親しみやすくありなさい
あなたが歳月を費やした建物が、一晩で
壊されてしまうことになるかもしれません。
それでも建てなさい
ほんとうに助けが必要な人々ですが、彼らを助けたら
彼らに襲われてしまうかもしれません。
それでも彼らを助けなさい
持っている一番いいものを分け与えると、
自分はひどい目にあうかもしれません。
それでも、一番いいものを分け与えなさい

〈カルカッタの〈孤児の家〉の壁に書かれた言葉〉

編者のノート

マザー・テレサについて

マザー・テレサは、さまざまな言葉で呼ばれている。「勇気ある宣教者」「生きる聖女」――その呼び名がどんなものであれ、彼女が永遠につづく影響を世界に与えたことはたしかだろう。人はみな、彼女についての何らかの見解を持っている。彼女は世界平和の功労者として認められており、しばしば「世界でもっとも偉大な十人の女性」にリストアップされる。決して彼女自身が、特別な存在として認められたり、扱われたりすることを求めているわけではないにもかかわらず。

では実際に、私たちは彼女の哲学や仕事について、どれだけのことを知っているのだろうか？ごく世間的な見方をやめ、彼女のほんとうの姿を見るように努力すれば、彼女がきわめて固い信仰と明快な目的意識の持ち主であることがわかるはずだ。彼女は自分の考えを実践しながら、シンプルな道を歩んでいる。その道はだれもが実行できる道である。

歴史をひもとけば、世界が精神的なリーダーシップと支えを求めるとき、カリスマ的な精神的指導者が登場することがわかる。その一人がフランシスコ修道会の祖、アッシジの聖フランシスコである。十二世紀のイタリアに生まれた彼は、教会を修復せよという神の声にしたがって全財産を売り払い、粗末な服を着て、食べ物を乞いながら、ハンセン病患者と浮浪者の世話をした。その後、彼は修道士会を設立し、非常に豊かで時には誤った方向に進んでいたカトリック教会の改革にも影響を与えた。彼が没するころには、彼のもとには五千人以上もの修道士、司祭、修道女が集まっていた。今日、フランシスコ修道会は世界でもっとも大きな修道会として栄えている。

聖フランシスコは、彼の生きた時代においてはラジカルな存在だった——異端者と思われることさえあった。なぜなら彼は、物乞いをして暮らしたり、イエスの生涯を忠実になぞろうとすることで、キリスト教徒としての新しい生きかたを示したからだ。しかし同時に、特筆すべきなのは、彼が教会という枠を破壊することなく、独自の修道会を組織した点である。マザー・テレサの人生は、多くの点で聖フランシスコとよく似ている。彼女の歩んできた道は、貧しさ、単純さ、キリストの教えへの忠実さを重んじるものだった。そして彼女もまた、カトリック教会の内外から進歩的な存在と見なされている。彼女はアジア最大の、もっとも貧しく、もっとも汚れた街から世界中に愛と平和の行動を説いているが、今も強い女性指導者にはなっていない。マザー・テレサは一九四六年に「貧しい人の中のもっとも貧しい人に仕えよ」という神の啓示を受け、カルカッタの通りで見つけた病気で死にかけている人の世話をするという、小さなやり方を始めた。今日では彼女は、

〈神の愛の宣教者会〉の代表者である。この修道会は一九五〇年にバチカンの正式な承認を得てから約半世紀のあいだに、信者が減りつつあるといわれるカトリック教会においては急速に発展し、現在では世界中で四千人を越える修道女《シスター》や修道士《ブラザー》をかかえている。〈神の愛の宣教者会〉のシスター、ブラザーたちは、絶対的な信仰によって彼らの貧しい生活が彼らを神により近づけるものだと学ぶ。彼らは神の摂理を信じ、信頼し、聖フランシスコのように、他人への寛大さだけで生き、働くのだ。同時に、聖フランシスコのように、彼らは、自分たちが仕えている貧しい人々より多くを所有してはならないという教えの中に生きている。彼らは食べる物も節約し、持っているのは、たった二セットの服、バケツ、金属の食器、基本的な身だしなみ用具、簡素な寝具だけである。彼らの集団生活は福音書の言葉で作り上げられている――つまり、祈り、愛、許し、中立、謙虚、誠実、そして神への服従という信者の道である。

ここで、マザー・テレサの人生を簡単にふりかえってみよう。マザー・テレサは一九一〇年八月二十六日生まれ。本名はアグネス・ゴンジャ・ボジャジュ。当時オスマン・トルコ領だった現在のマケドニア共和国のスコピエに、裕福なアルバニア人家族の三人きょうだいの末っ子として生まれた。彼女の父親は建築請負業と輸入業を営んでおり、母親は厳格であったが、深い信仰の持ち主だった。父親が若くして亡くなった後、生活が苦しくなり、アグネスの母親は家族を支えるため、布と刺しゅう品を販売する商売を始めた。十代のころ、アグネスは〈信心会《コングリゲーション》〉と呼ばれる、教会区の青年団のメンバーとなった。そこでの活動を通じてイエズス会の司祭の教えを受け、アグネスは宣教者になろうと考えはじめた。

十八歳のとき、彼女はインドで宣教活動をしていることで知られるアイルランドのロレット修道会に入会した。早い時期から、彼女はインドで働くことを望んでいた。しかし、まず英語を学ぶためにアイルランドに行き、その後、修道会が経営するセント・メリー・ハイスクールの教師としてカルカッタへ渡った。彼女がカルカッタに着いたのは一九二九年一月六日。そして一九三一年五月二十四日、ロレット修道会のシスターとして初誓願をした時、彼女は「小さな花」と呼ばれるリジューの聖テレーズにちなみ、「テレサ」という修道名を選んだのだった。

祖国を離れて世界の反対側へ行ったことと、「テレサ」という洗礼名を選んだことは、マザー・テレサを理解するうえで欠かせない二つの重要な手がかりである。前者からは、たんに修道女になろうというのではなく、明らかに宣教の仕事をしたいという熱い思いが読み取れる。「外へ出て、キリストの命を人々に与えなさい」――それが彼女が言う、最初の神の啓示の言葉なのである。

そして後者からは、彼女の観想的な一面が明らかになる。十九世紀のフランスで、時計屋の末子として生まれた聖テレーズは、一八八八年に一五歳でカルメル修道会のシスターとなった。のちに病気のために宣教者になれなくなると、霊性のありかたは単純なものであると説き、犠牲的精神と寛大さをもって福音書の本質的な真理を探究した人物である。彼女は自分自身を「幼きイエスの手のひらの上の玉」と呼んだ。これに対してマザー・テレサは自らを「神の手の中の一本の鉛筆」と呼ぶのである。

マザー・テレサはカルカッタの高校で地理とカテシズム（カトリック要理）を教える一方、ヒンディー語とベンガル語を習い、一九四四年には学校の校長に就任した。だが、彼女にとっては辛い時代であった——食物は配給制で、仕事量は増えつづけていた。マザー・テレサは結核で倒れ、ヒマラヤのふもとのダージリンに送られることになった。

そして一九四六年九月十日、汽車に乗っていたマザー・テレサは、二度目の神の啓示を受けた。「貧しい人の中のもっとも貧しい人に仕えよ」という内なる声を聞いたのである。そのときマザーは「はい」と答える以外になかった。啓示は極めてはっきりしたものであった。「私はすべてを捨て、イエスに従ってスラムに入る。もっとも貧しい人の中にいるイエスに仕えるために。それは神の御意志であり、私は神に従わなければならない。それが神の仕事であるということに疑いはありません。私は修道会を出て、貧しい人々のために働き、彼らの中で暮らします。それは命令です。私は自分が所属するべき場所はわかるのですが、どうやってそこへ行くのかがわかりません」(注1)。マザーはかつてこのように語っている。

教師から奉仕者になることについて、彼女が修道会から出る許しを得るためには、数年の月日がかかった。そして並はずれた信念と明確なビジョン以外には何もない、安全で居心地のよい貧者救済のための施設をつくっていったのだ。

マザー・テレサがセント・メリー校で十九年間働いていた時に一緒だった多くのシスターたちは、インタビューされたときにいつも、シスター・テレサは身体が弱く、ごく普通の人だったと述べている。しかし今日、彼女のことを典型的なエネルギッシュな起業家であり、必要なことがあると気づいたらそれに対して何かを行い、困難にもめげずに組織を設立し、規約を策定し、世界中にその支所を作り出すような人物だと考えている人もいるだろう。つまり、彼女の人生や人格には明らかに普通のキリスト教信者とは異なる信仰の形があるのだ。マザー・テレサは地に足の着いた活動をしながら、同時に世間を超越した存在でもある。それを可能にするのが祈りであり、祈りによって「天と地との間のちょうどよいバランス」が取れるのだとマザーは語るのである。

強い意志と神に対する完璧な服従との間のこのバランスは、とても有益なものである。というのも彼女は自らの神聖さが進歩するのは「神と自分自身にかかっている——つまり、神の愛と自らの意志によるもの」と述べているからである。「何かを目指そうとする最初のステップは、そうなろうという自分の意志である」というのである。

マザー・テレサは、彼女の神聖さや高潔さについて尋ねられたとき、いつも淡々と、神聖さは不可欠なものだと答える。そして、信仰生活を送るような少数の人々の中にのみ見受けられるような高級なものではない、と説明するのである。「あらゆる純粋な務めが神聖です。神聖さは全ての人にあるのです」と。

多くの人から「生きる聖人」と呼ばれている事実は、現代の生活においてはますます重要になっている概念と関係があるのかもしれない。すなわち、「バランス」である。高名なインドの教育者であるジッドゥ・クリシュナムルティは、「神聖さ（holiness）」は「完全性（wholeness）」の派生語であると解釈した。つまり、私たち自身の中の完全に異なる部分すべてが均一に結合して一人の人間になる、という意味である。マザー・テレサの歩む霊的な道は、日常の中での愛の行為と、よく祈り、黙想にふける暮らしとのバランスがいかに重要かについて示してくれる。とても純粋でシンプルなことなのだが、マザー・テレサの純真さは長年の経験と信仰と意志によってもたらされた献身的な愛情、そして卓越した英知によるものである。

今ここにあるささいな物事について自覚することと、より大きな不変の見地との間のバランスが、マザーを献身的で本質的で、現実的で鋭く、傷付きやすいのに強く、地に足が着いているのに観想的で信心深い存在にしている。次の二つの話は、寛容でありながら知覚が鋭いという彼女の能力を示す良い例である。あるイギリス人のボランティアは、高校生だった十代の頃、マザー・テレサに初めて会って深く感銘を受けた。「彼女は私たちにも誰にでも同じように話します。それが感動を与えるのだと思います。波長をあわせてくださるのです。以来、これは彼女と会うときいつでも続いていました。彼女が話しかけた人は誰でも、彼女の前ではもっとも重要な人になるのです。それがどこかの誰かさんであっても、大統領であっても同じです。彼女に会った人はほとんどそういう気持ちになると思います。私はそれが好きなのです」

カルカッタの〈神の愛の宣教者会〉に手伝いをしに訪れたある女性は、彼女自身の信仰の道について考えを巡らせているとき、マザーハウスの部屋の外のバルコニーから偶然、マザー・テレサを見かけたことがあった。「彼女は何人かの人と会っているところでした──私の前にはインド人の夫婦がいたのですが、彼女は突然振り返り、私を見て『いつ心を決めるのですか?』とおっしゃったのです。私は驚きのあまり何も言えませんでした。私以外には、何もおっしゃらなかったのですから。マザーは何か私が深いレベルに達しているのにお気づきになったのでしょう。その言葉は私を動かしました──彼女は私に触れたのです。私はその日はそれ以降ずっと御聖堂の中で過ごし、泣いて、自分を取り戻しました。それから私は、長い間ずっと先延ばしにしていた自分の目標を決めなければならないことに気づいたのです」

マザー・テレサには、多大な期待が寄せられるようになった。「あなたは女性なのに、なぜ女性に関する重大な問題について発言しないのですか? 教会のなかだけでなく、なぜ外の世界について語らないのですか？」というように。しかし、マザーは決して教会の教義を逸脱するようなことを口にしない──彼女はそうすることができないし、実際、そうしたいとも思わないだろう。女性の役割についての質問に答えるとき、彼女はかならずキリストの母マリアの例を引く。そして自分自身のことを「主の小間使い」と呼び、ずっとその状態にとどまっているのである。

聖母マリアはマザー・テレサにとって、そして〈神の愛の宣教者会〉の全員にとって、規範となる存在なのである。だから彼女たちはマリアを、偉大なる神聖さ、純粋さ、純潔さ、服従、そして神聖不可侵の母性の象徴として、熱心に祈りの対象とする。聖母に対するこのような女性らしい献身は、キリストの心に通じる女性ならではの生きかたである。マザー・テレサたちがよく唱える祈りの言葉は次のようなものだ。

聖母マリア、イエスの母、あなたの御心を私にください。
美しく、純粋で、汚れなく、愛と謙遜に満ちたその御心を。
私が命のパンをイエスからいただけますように。
あなたが彼を愛したように、私も彼を愛せますように。
そして、もっとも貧しい人々の中にいる、悲惨な姿に身をやつしたイエスに
仕えることができますように。

〈神の愛の宣教者会〉の施設の多くでは、マリア像を大きく飾っている。たとえばカルカッタの〈愛の贈り物《プレム・ダン》〉の外側には、等身大の聖母像が立っていて、ブルーの帽子をかぶり、カトリックのロザリオを手にしている。近づいて見ると、彼女の顔はインド人であり、白いインドの上着を着ていて、足元は大きなピンクの蓮の花で覆われていた。

マザー・テレサはかつてこう言った。「血筋と起源からみたら、私は完全にアルバニア人です。でも、私の国籍はインドにあります。そして私はカトリックの修道女です。ですから、私は世界全体に所属しているのです(注2)」

そして彼女は、世界に対する自分の役割を、次のように定義している。「私たちの仕事は、キリスト教徒も非キリスト教徒も愛の仕事をするよう励ますことなのです。そして、すべての愛の仕事は、心のすべてをこめてするもので、いつでも人を神のもとに近づけるものなのです(注3)」

彼女の使命は、苦しみぬいている他人を助けることで、世界中に愛を広めることなのである。無理にカトリックに改宗させるようなことはしない。マザー・テレサは、誰にも愛されず、貧しく、苦しんでいる人々を愛するため、神に選ばれた人なのだ。そして、彼女は奉仕活動のなかから、純粋でいつわりのない彼女なりの「シンプルな道」つまり、いつわりのない純粋な道を構成する要素を見いだしたのである。

いつわりのない純粋な道

キリスト教徒が歩むべき「道」とは、いつでも神を愛し、自分と同じように隣人を愛することである。マザー・テレサはここに、私たち自身と他人に平和を創造するための六つのステップをつくり出した。それは無宗教の人にも、キリスト教以外の宗教を信じる人にも実行可能なやりかたである。マザー・テレサの言葉のなかの「イエス」という部分を、自分の信じる神に置き換えればいいからだ。

しかしながら、マザー・テレサ自身の選んだ道は、キリスト教徒として生きる道であった。彼女のキリストへの献身こそが、彼女と、純潔の誓いを立てて彼女にしたがう〈神の愛の宣教者会〉のシスターたち、ブラザーたちの心のよりどころとなっているのである。

マザー・テレサは（そして彼女にしたがうシスターたちもみな）、自らを「キリストと結婚した者」と言っている。シスターたちは、彼女たちの人生の残りすべてをこの関係に捧げることを要求される。全身全霊をこめてイエスを愛することを要求されるのだ。マザー・テレサはかつて、この関係について、こう述べている。愛は妻や夫への愛と似ていて、「私たち女性はみな、この愛を利用する才能を持っているのです。私たちが感情をこめてイエスを愛することは、何ら恥ずべきことではありません」。この発言がもとで、彼女は人々からいろいろと言われることになった。たとえば、彼女が愛についてそれほど賢い考えを得たのは、ほんとうに神と結婚したからに違いない、などと言われたのだ。それに対し、彼女はこう答えた。「そうです。でも、神に対して微笑むのが難しいときだってあるんですよ。いろいろと要求してくるものが多いですからね！」この献身、すなわち純潔の誓いを通して神に献身することこそがもっとも大切なこと、という考え方が、どの修道女にも求められる。宣誓をすることで、人間生活での結婚は放棄され、彼女たちの命は神に捧げたものになる。彼女たちにとっての愛は、すべて神の愛を通して他の人に与えるものとなるのだ。女性が男性を愛するような愛でもって人を愛することはしません」マザー・テレサはかつてこう述べた。「私は良心にかけて、「私には、もうそのようなことをほかの人に与える権利がないのです。愛するのはただ神だけなのです」

この本のために力を尽くしてくださった〈神の愛の宣教者会〉の二人のシスターが、この特別の人生へと神から召命を受け、誓いを立てたことについて、いくつかの話をしてくれた。まず、一人はこう語った。「私はよくマザー・テレサとそのお仕事について書かれた本を読んでいました。私の信仰はとても深いものでした。私は聖書の中に『あなたがたが、わたしの兄弟であるこのもっとも小さい者の一人にしたのは、わたしにしてくれたこと』とあるのを信じていました。子どもの頃、私はこれこそが私の人生だと考えていました。そして成長してからはこれこそが、もっともっとイエスに近づくことができる私の生きる道だと悟ったのです。はっきりした、直接の召命でした。というのも私はここで、キリストのために働くことができ、私の人生のすべての瞬間を他の方に与えることができると分かったからです。それが、私が神の前に差し出すことができることなのです」もう一人のシスターがそのことについてこう言った。「私がすることはすべて、イエス様のためにしているのです。そうでなければそれには意味が無く、無駄なものになってしまいます。ですから、私が神のためにしていると分かっているときには、苦しんでいる人々に対してもっと深い愛を持って、より情け深く接することができるのです。私が神に対してしていることを知ることは私の人生にとても大きな意味をもたらしてくれます。そして日々、その意味は大きくなっているのです」

〈神の愛の宣教者会〉の会憲では、このキリストへの献身は、「愛の結びつきは、血や肉のつながりよりも何千倍も強い」という言葉で表現されている。貧しい人のなかで苦しみを分かちあうことで得られる、いつわりのない純粋な道《シンプル・パス》を歩むためのステップは、この深い愛の結びつきから生まれる。キリストはこの世で愛しただけではなく、十字架の上での苦しみを通して愛を示した。同様に、マザー・テレサの「仕事」とは、彼女がその目で見たすべての貧しい人、すべての苦しんでいる人々を苦しみから救うことなのである。世界中の〈神の愛の宣教者会〉の聖堂の十字架像の側には「我、渇く」という言葉が掲げられている。これは、キリストが死ぬ前に言った言葉で、すべての宣教者が何かをするたびに思い出す含蓄《がんちく》ある言葉なのである。「私たちの目標は、十字架の上のイエス・キリストの無限の渇きを、愛にあふれた魂によって癒すことです。私たちは、貧しい人のなかにいるイエスに仕えます。私たちは彼らを看護し、食事をさしあげ、服を着せ、彼のもとを訪ねます」（会憲より）。

その貧しさの定義が、マザー・テレサの言葉として黒板に記してあった。彼女は「わたしの兄弟であるこのもっとも小さい者」を、次のように定義している。

飢えて孤独な人たちのことです。ただ食べ物がないというだけでなく、神の御言葉にも飢えているのです。渇き、無知な人たちのことです。水がないだけでなく、知識、平和、真実、公正、そして愛にも渇いているのです。裸で、愛されていない人たちのことです。服がないだけでなく、人間としての尊厳をも奪われているのです。喜ばれず、生まれて来ない子どもたち、人種差別と闘っている人たち、ホームレスや見捨てられた人たち――彼らのために、ただ避難所を作るのではなく、そういった人々の心を理解し、保護し、愛するのです。病気だったり死にかけている貧しい人々、また、囚われている人たち――肉体がその状態になっているだけでなく、魂がそうなっている人々――は、みな人生における希望と信仰とを失っています。アルコール依存者やドラッグ中毒者たちはみな、神を見失っているのです（彼らにとっても神は神のままなのですが）。そして、彼らは希望という精神的な力もすべて失っているのです。

かつて、シスターの支援をするためにカルカッタを訪れていたボランティアの神父は、貧しい人々についてこう語っていた。「彼らは身分を明らかにすることも、保護されることもない人々です──人々の前でも神の前でも、ポーズを取ることも気取ることもありません。あなたが得たものがすべてあなたのものになるときには、あとはありのままのあなたでいるだけ、あなたはただ受け取るだけでいいのです。そして、ある意味それが、貧しい人々が幸運である理由なのです。なぜなら本当に重要なことを彼らは知っているからです」

貧しい人に仕えるためには、貧しさのなかで暮らすことが不可欠であるとマザー・テレサは語っている。「貧しい人々と同じように暮らすことなしに、どれだけあなたは貧しさについて知ることができるのでしょう？　もし、彼らが食事について不平を言ったとしても、私たちは自分も同じものを食べているのだ、と言うことができます。多くのものを持てば持つほど、与えるものはますます少なくなってしまうのです。貧しさは素晴らしい贈り物です。なぜなら貧しさは私たちに自由を与えてくれるのですから──神に対しての邪

魔者がますます少なくなるということです」[注4]

貧しい状態にあることは、愛し、奉仕するためには欠かせないことである。マザー・テレサは「傷つくまで愛する」という言葉を使っている。そして「もし、傷ついたなら、そのためにもっと素晴らしい人間になることでしょう」と語っている。彼女は、痛みを理解し、喜んでその痛みを受けることで、その人の究極の価値を見いだすことになると信じている。この考え方は、苦しむキリストの贖罪と結びついている。

> イエスは、私たちの命、孤独、苦痛、死を分かちあって、私たちを助けようとしてくださるのです。私たちとともにいる唯一の存在である神は私たちを救ってくださるのです。私たちは同じようにすることを許されています。私たちが貧しい人々のそばにいることで、彼らの心細さ、物質的な貧困だけではなく魂の貧困についても、救われるにちがいありません。そして、私たちはそれを分かちあわなければなりません。彼らとともにいる唯一の存在であることで、私たちは彼らを救うことができるのです。つまり、神を彼らの人生に導くことによって、彼らを神のもとへと導くことになります。[注5]

このマザー・テレサの言葉のように、苦しみと貧しさを分かちあうことは、〈神の愛の宣教者会〉の仕事の基礎をなしている。「私たちに苦しみがなかったなら、私たちの仕事というのは単なる社会活動になってしまうのです(注6)」と彼女は語っている。〈神の愛の宣教者会〉のシスターやブラザーたちの仕事に喜びをもたらすものは、ストイックで犠牲的な方法ではなく、魂の喜びと陽気さでもって、苦しみを受け入れることにあるのだ。「不平不満が何の役に立つのでしょう?」とマザー・テレサは言う。「もし苦しみを受け入れその苦しみを神にささげたなら、あなたには喜びが与えられることでしょう。苦しみとは、神からの偉大なる贈り物なのです。喜んでそれを受け入れ、それを深く愛し、その苦しみを自ら求めた者こそが、その本当の価値を知ることができるのです(注7)」

　マザー・テレサが私たちを招いている。貧しさと苦しみを知り、与え、与えられることで得られる喜びを分かちあおうと、私たちを招いているのだ。その喜びとは、この本を読んだだけで得られるようなものではない。実際に行動を分かちあうことで得られるものなのである。私たちはマザー・テレサや彼女と同じ道を歩む人々とじかに触れ合うことによって、彼女たちの言葉のなかの真実を理解することができた。私たちはマザー・テレサの言う六つのステップのすべての段階で、彼女たちと触れ合った。親密な触れ合いであり、信仰の触れ合いであり、信頼に基づく触れ合いであり、心のこもった寛大な触れ合いであった。そこから五つの「果実」が生まれてくることは、マザー・テレサが今までに何度も繰り返し経験してきたとおりであった。

彼女がこの本で語ったこと以外に、もう語るべき言葉はないであろう。彼女の言葉と仕事を知ることによって、私たちも「果実」の意味を理解し、当たり前でない「何か」をなしとげることができるだろう。愛をこめて、ごく当たり前のおこないをすることによって。マザー・テレサは言っている――「その日その時に何をすべきか、それだけでよいのです」と。

――ルシンダ・ヴァーディ

注1〜3　Eileen Egan 著 *Such a Vision of the Street: Mother Teresa - The Spirit and the Work*

注4　Omer Tanghe 著 *For the Least of My Brothers: The Spirituality of Mother Teresa and Catherine Doherty*

注5、6　Malcolm Muggeridge 著 *Something Beautiful for God: The Classic Account of Mother Teresa's Journey into Compassion*

注7　Edward Le Joly 著 *We Do It for Jesus: Mother Teresa and Her Missionaries of Charity*

謝　辞

このプロジェクトをご支援くださった次のみなさまに感謝したいと思います。本書の編者になるよう勧めてくれた友人でありエージェントでもあるカロリン・ブルントンに。私を励まし、カルカッタの生活についても教えてくれたランダムハウス社のライダー・ブック編集者ジュディス・ケンドラに。アン・ペトリーの寛大さと心からの支援、賢明なる助言にも感謝します。シスター・プリシラは私をたいへん勇気づけ、援助してくださいました。また、本書のために根気づよく取材をつづけた強い説得力と責任感の持ち主、ジョン・カーンズにも感謝します。私の夫ジョン・ドラ・コスタは私を支え、キリスト教徒としての生きかたをより深く理解するために多くのアドバイスをしてくれました。そして、永遠なる謝意をマザー・テレサご自身に。彼女はとても寛大で、私のために貴重な時間を割いてくださいました。信仰を分かちあうことができたことに、深く感謝します。

――ルシンダ・ヴァーディ

マザー・テレサと〈神の愛の宣教者会〉のシスター、ブラザーが、私たちと話をするために、貧しい人々を助けるために使わねばならない貴重な時間を割いてくださったことに深く感謝いたします。

そして、世界の各支部にいるボランティアのみなさんにも。彼らのうちの何人かとは、一緒に働き、その経験を分かちあうことができました。インドでは、ナレシュとスニータのクマール夫妻、マイクルとジェーンのアントニー夫妻、そしてオマール・アーメドの家族のみなさまにご支援いただきました。ランダムハウス社のフィオナ・マッキンタイアとジュディス・ケンドラには、支援と励ましをいただいたことを感謝いたします。アイデアにあふれたニックス・ピカソには、インタビューを手伝っていただきました。調査と原稿整理をしてくれたエマ・レーバーにも感謝します。私の妻ペーネは、すべての領域で援助し、助言してくれました。ルシンダ・ヴァーディとの共同執筆はとても楽しいものでした。そして、寄稿してくださった以下の方々にも感謝します。オマール・アーメド、トニー・アレン、ジェラルドとジェーンのブレー夫妻、エニド・ディビッジ、ジーン・マクリーン、ボブとニールのマクリーン夫妻、そしてリチャード・テイラー。最後に、私をサポートし、勇気づけてくれた両親と、父と一緒にすごせずに心を痛めて待ってくれた幼い娘たちに、ありがとう。

――ジョン・カーンズ

付録 マザー・テレサ略年譜

一九一〇年
八月二十六日、マザー・テレサ誕生。マケドニア(旧ユーゴスラビア)の首都スコピエの裕福なアルバニア人家庭に、アグネス・ゴンジャ・ボジャジュとして生まれた。

一九二八年
アイルランドに渡ってロレット修道会に入会し、修道女になる修練をはじめる。
十二月、インドに派遣される(翌年一月六日、インド到着)。

一九二九〜四八年
修道会が経営するカルカッタのセント・メリー・ハイスクールで地理の教師をつと

める。最後の数年間は、その学校の校長もつとめた。

一九三一年
ロレット修道会のシスターとして初誓願。修道名をテレサとする。

一九四六年
結核で倒れ、静養のためヒマラヤの麓ダージリンに送られる。その途中で「神の声」を聞き、貧しい人たちのための奉仕活動を決意。

一九四八年
学校の外に住み、カルカッタの路上に暮らす〈もっとも貧しい人々〉のために奉仕をする許可をカトリック教会から得る。カルカッタのスラム街に移住。

一九五〇年
インド国籍を取得。
〈神の愛の宣教者会・女子修道会〉をカルカッタで設立。

一九五二年
カルカッタ市内のヒンドゥー教寺院のとなりに、〈死を待つ人の家〉を開く。

一九五三年
〈神の愛の宣教者会〉本部をカルカッタのロウワー・サーキュラー・ロードに移転。

一九六〇年
この年までに、二十五の〈家〉がインドに開かれた。

一九六五年
〈神の愛の宣教者会〉がローマ教皇承認の修道会となる。インド以外で初めての〈家〉が、ベネズエラのココローテに開設された。

一九六六年
ブラザー・アンドリューを初代総長として〈神の愛の宣教者会・男子修道会〉が結成される。

一九六八年
ローマとタンザニアに〈家〉を開設。
一九六九年
〈国際共労者協会〉が設立される。オーストラリアにも〈家〉が開設され、活動は海外へと広がりを見せる。
一九七一年
アメリカで最初の〈家〉を、ニューヨークのサウス・ブロンクスに開設。マザー・テレサ、ローマ法王パウロ六世より、ヨハネ二十三世平和賞を贈られる。
一九七五年
マザー・テレサ、シュヴァイツァー賞を受賞。
男子修道会がカルカッタ以外に初めての〈家〉をベトナムに開設。
一九七六年
〈神の愛の宣教者会・女子修道会〉の修行のための支部〈シスター・オブ・ザ・ワ

ード〉を設立。

一九七七年
男子修道会が香港に〈家〉を開設。アジアの他の地域での活動も開始。

一九七九年
マザー・テレサ、ノーベル平和賞を受賞。

一九八〇年
この年から、世界中でドラッグ中毒者、売春婦、暴力を受けた女性のための〈家〉を開設。養子縁組を勧めることで、中絶に反対する運動を開始。貧しい子どもたちのために孤児院と学校を設立。

一九八一年
四月、初めて公式に来日。上智大学や聖心女子大学、国連大学での講演のかたわら、東京・山谷地区などを訪れる。その後、八二年と八四年にも来日し、被爆地の広島、長崎などを訪れた。

一九八五年
ニューヨークでエイズ患者のためのホスピスを設立。

一九八六年
俗人のための〈神の愛の宣教者会〉支部を設立。

一九八八年
〈神の愛の宣教者会〉ロシアで活動開始。サンフランシスコでエイズ患者のための〈家〉を開設。

一九八九年
九月、マザー・テレサ、心臓発作で入院。ペースメーカーを埋めこむ。

一九九一年
マザー・テレサは初めて、両親の故郷であるアルバニアを訪問しティラナに〈家〉を開設。この年までに百六十八の〈家〉がインド国内に設立された。

一九九六年
八月、マザー・テレサ、持病の心臓病にマラリアを併発して一時心機能停止におちいるが、驚異的な回復を見せる。

一九九七年
三月、マザー・テレサ、〈神の愛の宣教者会〉代表を引退。後継者にシスター・ニルマラ。
九月五日、自宅としていた〈神の愛の宣教者会〉本部で心臓発作のため死去。八十七歳。
九月十三日、カルカッタ市内で国葬がおこなわれ、遺体は〈神の愛の宣教者会〉本部に埋葬された。

解説

追悼 マザー・テレサ

写真家 沖 守弘

マザー・テレサのことを初めて知ったのは一九七四年のことだった。その年は国連の国際人口年で、報道写真家として人口問題に取り組んでいた僕は、人口爆発の原点と言われていたカルカッタを取材することにしたのである。

ところが、初めて訪れたカルカッタの街は、予想をはるかに超える悲惨な状況だった。精神的なダメージを受けて体調を崩し、安ホテルに閉じこもってばかりいた僕は、たまたま通りかかった道端で売られていた一冊の古本を見つけた。『すばらしいこと《サムシング・ビューティフル》を神さまのために《フォア・ゴッド》』（邦訳は女子パウロ会）というその本は、イギリスBBC放送のドキュメンタリー製作者、マルコム・マゲッリッジという人が、マザー・テレサに取材して書いたものだった。

さっそく買って読み、本当にすばらしい、と心から思った。ここに書いてあることが本当なら、この人はまちがいなくノーベル賞をとるはずだ——僕はそのとき、そう確信した。それで、どうしてもマザーに実際に会ってみたいと思い、〈神の愛の宣教者会〉の本部まで出かけていった。

残念ながらそのときマザーは不在で、お会いすることはできなかった。そこで翌年、白柳東京大司教（当時）に書いていただいた紹介状をたずさえて、僕はもう一度カルカッタを訪れた。僕の話を聞いたマザーは、まず最初にきっぱりとおっしゃった。「私の自叙伝をつくるつもりなら、いやです」

僕は「あなたのところで働いているシスターたちは、昔のあなたそのものだと思うから、まずは彼女たちの姿を撮らせてください」と頼みこんで、取材の許可を得た。以来、マザーが初来日した一九八一年までの七年間、たびたびインドに行き、マザーと〈神の愛の宣教者会〉のシスターたちの写真を撮りつづけてきた。時々はカメラを置いてボランティアにも加わった。やがて〈孤児の家〉の子どもたちや〈神の愛の宣教者会〉のシスターたちは、僕のことを「アンクル（おじさん）」と呼んでくれるようになった。

ノーベル平和賞を受賞した後、特に一九八一年以降、マザー・テレサは一切の取材、撮影を受けなくなった。彼女の取材をすることは、インドの貧しい一面を取材することでもあり、それはインド政府にとってはあまり表に出したくない事実でもある。インド国籍を持っているマザーは、そんな政府の感情にも配慮したのだった。マザーに「もう写真はたくさん撮ったから十分でしょう」と言われ、残念ではあったが、それ以降インドでは、記念写真以外の撮影は一切しなかった。一九九七年に刊行した単行本のカバーと口絵の一ページ目で使用したカラー写真は、そうした記念写真であり、最晩年のマザーの素顔を撮影した数少ないものである。ともあれ、僕にとっては、かねてからの念願であったマザーの来日が実現したことで、マザーの精神と活動を広めたいという当初の目的は達成したと思ったから、それで十分だった。もちろん、それからも僕は折にふれてマザーのもとを訪れ、その活動を支援しつづけてきた。

長年にわたって身近な場所からマザー・テレサを見つづけてきて、何よりも感心したのは、彼女の並々ならぬ信仰心の強さである。彼女は信仰心に基づいて、無数の貧しい人々を救ってきた。マザーは数世紀に一人出るか出ないかの「聖人」だと思う。彼女はよく好んで聖フランシスコの祈りを捧げたが、マザーは彼につづく聖人だと思うのだ。もしかするとキリストの再来なのではないかと思ったことさえある。

マザーは徹底的に私物を持たない人で、受け取った献金や品物、援助物資は、片っ端から貧しい人々に与えてしまう。マザー同様、〈神の愛の宣教者会〉のシスターたちも、持ち物は必要最小限のものだけ。聖書のほかにはサリー、サンダル、バケツ、〈神の愛の宣教者会〉の規則を記した会憲、聖歌集、ロザリオ、鉛筆、消しゴムくらいだった。

マザーの八十歳の誕生日、僕は何人かの仲間とお金を出しあって、カシミアのカーディガンを買ってプレゼントした。普段まるで死んだ猫のような、あまりに粗末なものを着ておられたので、せめてこれくらいは、と思って差し上げたのだが、果たしてマザーがそれを自分で着てくれたのかどうか、今となってはわからない。もしかすると、そのとき必要としていた貧しい人のもとに、そのカーディガンも行ってしまったのかもしれない。

「清貧」そのもののマザーの知られざる大好物、それは日本のカステラだった。「スポンジケーキ」と呼んでいて、僕がお土産に持っていくととても喜んでくださった。彼女にとってはそれが唯一の贅沢《ぜいたく》だったに違いない。甘いものが好きなせいで歯が悪かったのだが、医者嫌いでなかなか治そうとせず、いつでも医者を困らせていた。

マザーはジョークもうまく、話はユーモアたっぷりで、とても面白かった。近寄りがたい聖人という雰囲気ではなく、取り澄ましたところのない、親しみやすい方だった。しかし、一方できびしい面もあった。とくに、約束を守らない人にはとてもきびしかったのをよく覚えている。

それから、なんといっても印象的なのは、マザーの手だ。農夫のように大きくて、ふくよかで温かかった。マザーの手に握られると、「この手でどれだけ多くの貧しい人を救ってきたんだろうか」と思い、その温もりに言い知れぬ感動を覚えたものだ。

僕はマザーから、ほんとうにいろんなことを学んだと思う。たとえば、日本人は何かをしたらすぐにその結果を求めがちだ。「人にこうしたら喜んでくれるんじゃないか」「こうしたら物事はよくなるんじゃないか」といった具合に。でも、マザーは、そういった結果は決して求めなかった。日本でも近頃はボランティアが一般的になってきたが、まだどこかに「私はボランティアしているんだ。いいことをしているんだ」という気負いが感じられる。日本人ももう少し自然にボランティア活動ができるようになればいいなぁとつくづく思う。

最近では〈死を待つ人の家〉もカルカッタの観光コースになっていて、日本人が大勢バスで乗りつけ、パチパチと記念写真を撮って、さっさと帰っていくことがある。なかには、予想をはるかに超える光景にショックを受けて、卒倒してしまう若い女性さえいる。マザーたちは「それでも、この場を見てもらって、何かを考えてくれればいい」と観光客の訪問も許していたが、僕は同じ日本人として、腹立たしく思うことが何度もあった……。

マザーは日本についてよく、「この豊かな国で、ありあまったお金はいらない」とおっしゃった。

また一方で「つまらないものであっても、自己犠牲に基づいたものならいくらでも受け取る」ともおっしゃっていた。先日、僕のもとに「海外旅行であまったので、マザーに送ってください」と、外国のコインを小包で送りつけてきた人がいた。マザーの精神がちっとも理解されていないのが悔《くや》しくて、一晩眠れなかったほどだ。マザーは、そのお金や品物に愛がこめられているかどうかを大切にされていた。どんな大金であっても、その人にとって「不要」なお金は、マザーは決して受け取らなかったのだ。お金ならなんでもいい、という思い違いが日本人に多いのは、とても寂しいことだと思う。

マザー・テレサはここ数年お身体の調子が悪く、何度も危険な状態になった。晩年は、肉体的にも精神的にも、ほぼ限界という状態だったと思う。マザーが今年の一月に倒れた時、僕はカルカッタまでお見舞いに駆けつけたのだが、それが生前のマザーとお会いする最後の機会になってしまった。このとき僕は、マザーが自宅としていた〈神の愛の宣教者会〉本部の彼女の私室に初めて足を踏み入れた。数えきれないほどマザーと顔をあわせてきたが、修道会は基本的に男子禁制の場ということも考え、これまで私室にだけは入ったことがなかったのだ。ほとんど家具もない、きわめて質素な私室に、サリーを着たままベッドに横たわるマザーの姿を目にして、僕はなんだか気の毒になってしまった。自分の身体がそんな深刻な状態なのに、マザーは、前の年に食道癌の手術を受けた僕の身体を気づかってくださった。そのことがいまでも忘れられない。

九月六日の朝、マザーの突然の訃報を聞き、最後の別れを告げるためにカルカッタへ飛んだ。マザーの遺体が安置された聖トーマス教会を訪れると、〈神の愛の宣教者会〉のシスターたちが、僕も国葬に参列できるよう手配してくれていた。国葬には世界中からVIPが参集し、とても荘厳な雰囲気でとりおこなわれた。むろん、カトリック式の葬儀ではあったのだが、ヒンドゥー教やイスラム教など各宗教界の僧侶も大勢集まり、マザーの活動があらゆる宗教の枠を超えた、すばらしいものであったのだと再認識させられた。そんなすばらしい人にめぐり会え、その活動を撮りつづけることができた僕はほんとうに幸せだ、と思った。

今ごろ天国で、マザーはこれまで見送った大勢の貧しい人々から大歓迎を受けて、大忙しに違いない。マザーが亡くなったことはとても悲しく残念だが、カルカッタのマザーハウスへ行けば、お墓がある。そこに行けば、いつでもあの優しいマザーに会えるような気がする。

マザーがノーベル平和賞を受賞してから、もう十八年の歳月が経った。今の日本の若い人たちが、マザー・テレサについてあまりにも知らないことに、驚かされることが多い。しかし、彼女の心、彼女の活動は、とても普遍的なものである。それは「人類愛」という形で、これからもずっと伝わっていくに違いないと思う。マザー・テレサに関わって写真を撮りつづけてきた僕にできることは、写真を通して未来の人に、マザー・テレサがどんなことをしてノーベル平和賞を受賞したのか、きちんと伝えていくことだと思う。僕にはマザーの愛の心を伝えていく義務がある、と確信している。

（一九九七年刊『マザー・テレサ語る』より一部改変・再録）

訳者あとがき

この文庫本の元となった単行本『マザー・テレサ語る』の原稿の翻訳を終えたのは、一九九七年九月四日、マザー・テレサが帰天される前日のことでした。翻訳原稿を編集部にお渡ししてホッとしたわずか数時間後に流れた訃報に心底驚くとともに、その瞬間、マザー・テレサの力にインスパイアされたことを、まるで昨日のことのように覚えています。東京都内の〈神の愛の宣教者会〉での追悼の集まりや東京カテドラルでの追悼のミサにも列席し、マザーを追悼する大勢の方々の思いに触れました。カトリック教徒もそうでない人も、そこに集まっていた誰もがマザーを慕い、その死を悼んでいました。〈神の愛の宣教者会〉のシスターからいただいたマザーの生写真は、今もサリーのラインと同じ青い縁の写真立てに入れて私の仕事机に大切に飾ってあります。

あれから、実に二〇年近くの歳月が流れようとしています。この間、マザー・テレサは帰天されてからわずか六年という史上最速のスピードでカトリックの「福者」に列せられ、さらに今年中には「聖人」に列せられる見通しだと発表されています。亡くなられてからも、マザー・テレサの遺志は後継者に脈々と受け継がれ、今ではマザー自身が信仰の対象になっているのです。そして、マザーが各地に設立した貧しい人のための施設には、今も世界中から多くの人が訪れていると聞いています。

生前、マザーは決して自ら本を書くことはなく、自分の本も作ってくれるな、とおっしゃっていたそうです。そのため、マザー自身が書かれた本は存在せず、今、世に出ている本はすべてマザーや周辺の人々へのインタビューによってまとめられた本です。この本も、宗教ジャーナリストのルシンダ・ヴァーディを中心とする編者たちが、マザーの周囲で働く人々、そしてマザーの元を訪れた人々の言葉を聞き取り、そこからマザー本人の言葉を伝え、語らせる、という方法で構成されています。しかし、不思議と、マザー・テレサ自身が自分のそばに来て語りかけてくれているような臨場感があります。読んでいるうちにきっと、ただひたすら神に祈り、神を愛し、信仰する、という純粋でまっすぐなマザーの生きる道が静かに心の中に見えてくることでしょう。

この本の原題〝A Simple Path〟の通り、ここに記されているのは、ただ神への愛を貫くという、純粋で、まっすぐな信仰の道、それだけです。ノーベル平和賞を受賞したことで、マザーの行為は貧しい人を助ける「福祉」であると誤解されることが多いのですが、そうではなく、すべては「もっとも貧しい人の中にいるイエス」を愛するがゆえの行為だったのです。キリスト教信者でない人には理解しにくい概念かもしれませんが、マザーにとっては世のため人のためになることをする、ということの前に、まず神の存在があり、「貧しい人の中のもっとも貧しい人に仕えよ」という神の啓示に呼応して、死にかけている人、病気の人、家がない人など、「もっとも貧しい人々」の中にいるイエスのために働いているのです。マザーはノーベル平和賞の賞金もすべて貧しい人のために使い、授賞式にも質素な木綿のサリーとサンダルという姿で出席し、恒例の晩餐会も中止してそのお金を貧しい人のために使うことを希望しました。世界中で偉人と目されるようになっても、自らの生き方について全くぶれることなく、もっとも貧しい人のために捧げてきたのは、すべて純粋な信仰のおかげでした。貧しい人のために働くことは、神を愛することそのものだったのです。

実は二〇年前、この本の単行本の後書きの中で、私は次のように書いています。「阪神大震災の被災地には、いまも仮住まいを強いられて、希望をなくしている被災者が大勢いますし、都会では、はなやかな通りの片隅に押しやられるようにして、ホームレスの人々が暮らしています。密室で虐待され、川に捨てられてしまうような子どもたちさえいます。日本も、マザーのおっしゃる『精神的な飢え』に悩まされている国のひとつに違いありません」。なんということでしょう。この後、さらに東日本大震災が起き、ホームレスの問題や、老人の孤独死、子どもの虐待など、今は二〇年前にも増してひどい状況になってきていると感じます。私たち日本人にとって、マザーの言う「精神的な飢え」はますますひどくなっているのかもしれません。信仰を持たない人でも、精神的な飢えを満たすために何かできることはないかと考えたとき、この本の中のマザーの言葉の意味を一つずつ思い出すことならできるのではないかと思います。神は無償の愛を私たちに与え、私たちはその愛に守られていると、マザーは教えてくれます。誰からも見捨てられて顧みられないという孤独を抱えている人にも、神はその愛をおしみなく与えてくださっているのだというマザーの言葉を思い出すことです。たとえキリスト教信者でなくても、どんな宗教を持っていても、人生の中でこれらのマザーの言葉が支えになってくれる瞬間があるのではないかと思います。

今回、このように文庫化することになり、改めてマザーのおっしゃる神の愛を感じています。そして、長い間この本をずっと世に出し続けてくださった早川書房と、長い間ずっとこの本を手に取り読み続けてくださった読者の皆さま、そして、たくさんの示唆を与えてくださったカトリック、プロテスタント信者の友人たちに心から感謝いたします。文庫化にあたり、短い時間で細やかな編集をしてくださった有岡三恵さんにも心から感謝いたします。マザー・テレサの言葉が、これからもさまざまな形で世の中を照らし、人々の心の渇きを癒すものとなることを祈っています。

二〇一六年二月一日　　猪熊弘子

本書は、一九九七年十月に早川書房より単行本として刊行された作品を文庫化したものです。

訳者略歴　日本女子大学卒，ジャーナリスト・東京都市大学客員准教授　訳書にユヌス&ジョリ『ムハマド・ユヌス自伝』，ユヌス『貧困のない世界を創る』（以上早川書房刊）　著書に『死を招いた保育』『「子育て」という政治』など，子ども・女性に関する著書多数

HM=Hayakawa Mystery
SF=Science Fiction
JA=Japanese Author
NV=Novel
NF=Nonfiction
FT=Fantasy

マザー・テレサ語《かた》る

〈NF457〉

二〇一六年二月二十日　印刷
二〇一六年二月二十五日　発行
（定価はカバーに表示してあります）

編者　ルシンダ・ヴァーディ
訳者　猪《いの》熊《くま》弘《ひろ》子《こ》
発行者　早川浩
発行所　株式会社　早川書房
郵便番号　一〇一‐〇〇四六
東京都千代田区神田多町二ノ二
電話　〇三‐三二五二‐三一一一（大代表）
振替　〇〇一六〇‐三‐四七七九九
http://www.hayakawa-online.co.jp
乱丁・落丁本は小社制作部宛お送り下さい。
送料小社負担にてお取りかえいたします。

印刷・信毎書籍印刷株式会社　製本・株式会社フォーネット社
Printed and bound in Japan
ISBN978-4-15-050457-1 C0112